做个容易相处的人

赵嘉敏——编著

中国纺织出版社有限公司

国家一级出版社
全国百佳图书出版单位

内 容 提 要

学会与人相处，是生存于世的必修课。会与人相处，可以与人加深情感、友好往来，进而和他人建立起相互信赖的关系，这样才能趋利避害，处处得人相助，让人生一帆风顺。

本书着眼于交往沟通的学问，深刻解读了与人相处的方法，让你学会用最得当的方式与他人相处，为自己建立融洽和谐的人际关系，从而让你在复杂的人际交往中得心应手，快速赢得人心、凝聚人气，成为人生大赢家。

图书在版编目（CIP）数据

做个容易相处的人／赵嘉敏编著. —北京：中国纺织出版社有限公司，2019. 8（2019.12重印）
ISBN 978-7-5180-6249-2

Ⅰ.①做… Ⅱ.①赵… Ⅲ. ①人际关系学—通俗读物
Ⅳ. ①G912.11—49

中国版本图书馆CIP数据核字（2019）第096558号

责任编辑：闫 星　　特约编辑：李 杨　　责任印制：储志伟

中国纺织出版社有限公司出版发行
地址：北京市朝阳区百子湾东里A407号楼　邮政编码：100124
销售电话：010—67004422　传真：010—87155801
http：//www.c-textilep.com
E-mail：faxing@c-textilep.com
中国纺织出版社天猫旗舰店
官方微博http：//weibo.com/2119887771
三河市宏盛印务有限公司印刷　各地新华书店经销
2019年8月第1版　　2019年12月第2次印刷
开本：880×1230　1/32　印张：5
字数：106千字　定价：39.80元

前言

学会与人相处，是生存于世的第一门必修课。一个懂得与人相处的人，可以与人建立融洽的关系，不但能愉悦身心，而且能使生活与工作更顺心。

为了生存下去，每个人都在奋力打拼着。成功者风光潇洒，令人羡慕；失败者黯然神伤，只能令人同情。如何找出失败的症结，使自己轻松而高效地生活，是值得我们思索的问题。

谋求生存发展其实没有那么复杂，无非是精熟两招：把事情做好，与人相处好。多跟他人交流和互动，互换资源利用，比你拼死拼活地蛮干强得多。即使你非常能干、极有自信，也应该避免孤芳自赏，更不能让自己沦为一座孤岛。

最聪明的生存之道为：把自己的事情干好，与他人有策略地打交道。生存于世，想过得顺风顺水铁定离不开与人相处。不论是在日常生活或是工作场所，都是需要进行人际往来、交流沟通的。不管是经商也好，从政也好，做工作做事情也好，都要与人相处，都需要得到他人的支持与帮助。通过与人的友好相处，可以使人与人之间相互熟悉、加深情感，也可以使彼此敌视的人化干戈为玉帛，友好往来。懂得与人相处，才有机会和他人建立起互动的关系，这样才能趋利避害，进而打开成功之门。如若不懂得与人相处之道，拥有再强的做事能力也是白搭。难怪美国石油大王洛克菲勒说：“与人相处的本领，我愿意付出比得到其他本领更大的代价来获取。”

生活中的诸多实例都告诉我们，为了生存必须学会与人相处。越会与人相处，人际关系越和谐，发展起来自会顺风顺水、步步高升。如果你仔细观察就会发现，那些春风得意、事业有成的人，无论学历、背景，甚至能力如何，大多是十分擅长人际关系的开发及利用的。能与他人友好相处，是他们立足于社会的根本，也是其有所成就的推动力。华人首富李嘉诚认为，“要想取得成功，首先要懂得人情世故，因为世情才是大学问。精明人很多，要令他人信服并喜欢和你交往，那才是最重要的。”即使你没有超高的学历、没有显赫的家世，只要你掌握世故、通晓人情，深谙与人相处之道，就能够左右逢源、处处得人相助，让你的事业风生水起。

一个人如果不懂得与人相处，即使才华横溢，也难以施展、易遭人妒；即使品德高尚，也常遭暗算、自身难保；即使勤勤恳恳，也不被赏识，郁郁终生……不会与人相处，便在生活中吃不开、行不通、玩不转，终其一生也只能愁困交加、庸庸碌碌，甚至是穷困潦倒。

所以，我们应尽早、尽快地学会与人相处。要想让自己善于与人相处，就必须掌握一些处理人际关系的潜规则，只有这样，才能够在错综复杂、荆棘丛生的人际关系中如鱼得水、畅行无阻。

说话是与人相处的通行证。与人交流的大原则，应该是说话讲方式、有分寸。这样一开口就讨人喜欢。不该说话时要闭嘴，不该说深时浅着来。有时候恰到好处的一句话，不仅能消除陌生感、掌握主动权，还能让你与人的关系更加亲密、融洽。

除了学会说话，还要学会倾听，让对方觉得受尊重。交往沟通过程中，要时时考虑到他人的面子。即使你有理，也要做到得理饶人，不让别人难堪。在维护他人脸面的同时，更容易赢得他人的好感与合作机会。生活是复杂而现实的，面对其中的一些人和事，与其事事较真、逞强，倒不如“糊涂”一些。一个心智成熟的人，知道什么时候该藏锋、什么时候该表现，他不会句句虚言，却也不会全抛一片真心。

做一个善于与人相处的人，守住自己的心最重要，守住自己的原则和界限，其实跟谁相处都是可以的。

与人相处的能力不可或缺，这种能力必须在生活中培养历练。《做个容易相处的人》一书着眼于交往沟通的学问，引用诸多贴近现实生活的案例并以细腻的笔触进行深入分析，深刻而微妙地解读了人情的法则、关系的技巧。本书教你以品质修养凝聚人气，教你隐藏锋芒，学会低调与人相处；教你以一种包容的胸怀对待他人，赢得他人的好感与接纳……本书能帮助你学会用最得当的方式与他人相处，为自己建立融洽的人际关系，从而让你混在江湖、赢在职场。

精读本书，将那些单纯生硬的想法历练成圆融通达的行为，真正学会与人相处，便会让自己在复杂的人际交往中得心应手，快速赢得人心、凝聚人气。而聚势的结果只有一个，那就是成功！

编著者

2019年2月

目录

第一章

说话之前摸清门道，一开口就让人喜欢

要想找到交际突破口，就需要从说话的灵活性上下功夫。在人际交往中，智者能根据需要，采用因人制宜、因时制宜的说话方式：该直说的时候会坦率，该拐弯的时候会委婉，在关键时刻会随机应变。这样说话，能平息矛盾、化解尴尬，让人际关系更融洽，从而为自身的发展提供人际助力。

一语勾心，与人一见如故

与人初次接触，要想在短时间内让对方认可你，说好第一句话至关重要。初次见面的第一句话是叩开对方心扉的敲门砖，也是使人一见如故的秘诀。

懂得交际的人有这样的本事，与人相处时，一句话就能抓住对方的心，让对方对其产生特别的好感。与人相处，你一语勾心就能使交谈氛围和谐、热烈，让双方感觉轻松、愉快，从而达到交流沟通、增进情谊的目的。

对于我们每个人来说，说好第一句话的关键是要仔细选择、随机灵活，要给人亲切、友好、贴心的感觉，打破彼此间的隔阂。

与人见面后通常会互致问候，如能注意到各种问候语的细微差别，灵活运用，效果会更好。对年纪大的长辈，宜说“您老人家好”，以示敬意；对年龄跟自己相仿者，可说“王哥，你好”，显得比较亲切；节日期间，宜说“节日好”“新年好”，给人以被祝福之感；早晨说“你早”“早上好”则比“你好”更新鲜、得体。

送人一句问候语，也就意味着：我把尊重送给你、我把祝福送给你、我非常愿意与你交谈。当我们向他人送出一句问候语时，也能表现出自己的热情、风度以及涵养。

与人初次见面，许多人往往感到没话说，简单地问候之后就是一阵沉默，使场面很尴尬。其实，无论与什么人交往，只要你事前能多用点心，都可以找到或近或远的亲友关系。而当你在与人见面后及时拉上这层关系，就能快速缩短心理距离，使对方产生亲切感。例如，初次见面，你可以同对方说“我同您是同乡”“我是您亲属的朋友”等，短短一句话，就缩短了人与人之间的距离。

1984年，美国总统里根来上海复旦大学进行访问，他面对复旦学生，一开口就向他们“攀亲”：“其实，我和你们学校有着密切的关系，我的夫人南希，同你们的谢希德校长还是校友呢，他们都是美国史密斯学院毕业的。如此说来，我和各位自然也就都是朋友了！”此话一出，全场沸腾，一片掌声。短短几句话就取得了在场学生的认同，接下去的交谈自然十分轻松，效果非常不错。

其实，只要肯多用心寻找，就不难发现在交往中双方总会存在这样或那样的“亲近”关系。例如，“你是河南人，我曾在河南上过学，说起来，我们也算是半个老乡了！”这种攀亲式的谈话很容易让人在短时间内对你产生一见如故的印象。

说好第一句话，仅仅是与人相处的好的开端。要想与人谈得投机，谈得深入，相处得其乐融融，就必须找到对方感兴趣的话题。

与人相处的最佳说话之道，就是跟他谈论他最感兴趣的话题。你对他人有兴趣，他人对你就有感情，有了感情什么事就都好办了。其实那些人缘很好的人，都非常善于和不同的人谈论不同的话题，而且谈论的都是他人感兴趣的话题。美国总统罗斯福就是这样一个交际高手，不管与什么人交谈，他总能侃侃而谈、话题不断。他的诀窍就是，在与人交谈之前，事先通过各种途径了解对方的个人信息，最重要的是了解对方的兴趣所在。对于他的成功交谈经验，罗斯福这样总结："只有谈论他感兴趣的话题，才容易抓住他的心，让他心情愉悦，再接近他就比较容易了。"所以，要想与人建立良好的关系，最快捷、深入的办法就是了解对方的兴趣，然后有的放矢，讨论对方感兴趣的话题。

他人感兴趣的话题有许多，这就需要你在讲话时仔细观察对方，从他的兴趣、爱好、个性特点等入手，把话说到对方心里。人际关系大师卡耐基说："我们要对他人真诚地感兴趣，就对方的兴趣来谈论以及鼓励他人谈论他自己。"当我们对他人真诚地感兴趣的时候，自然就会去关注他的言行举动，那么他的喜好兴趣也就容易知晓，话题也就有方向了。例如，可与养鱼种花者谈论摆弄花草、饲养金鱼之乐；与爱好音乐、体育者谈论体育、评析音乐；与足球爱好者谈论足球之道等。这样常常会引起对方的兴趣，激发对方一吐为快的冲动，就能够渐渐获得对方的好感，进而使对方乐于与我们相处。

每个人都希望被关注，如果你对准对方的关注点，就会激起对方的兴趣。与人交谈，别总是以“我”为中心，如果你能转换一下角度，谈谈对方关注的事儿，对方一定会有一肚子话向你倾诉。

米沙是一位著名作家，他在成名之前有过一番曲折。那时他去出版社送稿子，经常被编辑不耐烦地轰出来，他的很多稿子还没被看上一眼，就被当成垃圾处理了。后来，他再去送稿子时，不再直截了当了，他主动与编辑谈话，专门找一些他们感兴趣的话题，如提起他们刚刚出版的某本书，而且谈论其中的某些内容。这样，许多原本对他冷淡的编辑甚至会放下手中的工作，围过来七嘴八舌地发表关于那本书的看法。米沙在一旁静心聆听，并且不时地表示自己的赞成，从而满足编辑的心理，编辑逐渐对他有了好感。等到他再拿出自己的稿子时，受到的再也不是冷冰冰的对待了。

如果我们在求人帮忙时能更多地强调自己对对方的敬重和仰慕，或者是充分鼓励对方谈论他自己，那么就比较容易使对方产生认同感，有助于拉近彼此的心理距离。以这种方式提出请求，往往令对方乐于接受。

所以，要想使他人喜欢你，就应学会拿对方感兴趣的事当话题，让他感觉到自己的重要和价值。在满足对方的自尊心之后，很多事情就迎刃而解了。

总之，与人相处并不可怕，可怕的是你不能与他交谈。你只要积极、巧妙地通过话语同他建立联系，努力探寻对方感兴趣的话题，就能赢得对方的好感，拉近你们之间的距离，从而使你的朋友圈扩大，使生活丰富多彩。

见什么人说什么话，把话说进人的心坎儿里

在人际交往中，与人说话时需要“看人下菜”。意思是在交谈中要懂得迎合他人的情趣或口味，即看对象说话，这样对方才乐意听、才听得进心里去。

我们所遇到的人是形形色色的，不尽相同。倘若你能弄清对方属于哪种类型，从而有针对性地采取不同的说话方式，就能达到沟通心灵、拉近关系的目的。

一次，学生仲由问孔子：“听到了，就去干，这样可以吗？”孔子回答说：“不可以。”又有一次，另一个学生冉求同样问孔子：“听到了，就可以去干吗？”孔子回答：“干

吧！”公西华在一旁听到了这些，他感到很疑惑，就问孔子：“他们两个人的问题相同，而你的答案却相反，这是为什么呢？”孔子解释说：“冉求平时做事好退缩，所以我给他壮胆；仲由好胜心强、胆大勇为，所以我劝阻他。”可见，说话也要看对方的性格和心理状态。

“知己知彼，百战不殆”，此话也适用于说话，在开口之前，必须先仔细观察，尽可能多地了解他人，然后有针对性地说话，才能把话说到他人心里去。否则就会惹得他人不高兴，甚至惹出是非来。

在一家大型服装超市里，一位打扮入时的职场白领面对一件时装迟疑不决，新来的营业员小茹看见了，忙走上前去说：“您真有眼光，这件衣服挺上档次的，销路很好，昨天就卖出去了好几件呢。”可听了这话，那位女士二话没说立即走了。又过了一会儿，一位穿着普通的中年妇女来了，也在那件时装前徘徊，小茹这次接受了刚才的“教训”，便说：“这件上衣真的很时尚，一般人穿可压不住它，从进货到现在还没有卖出一件呢，看来只有您最适合了。”对方听了，气呼呼地走了。

小茹说话不看对象，不懂人的心理，结果惹得顾客非常不高兴，自然不会买她的衣服。职场白领往往喜欢追求与众不同的效果，如果自己穿的衣服大街上到处都是，自然没兴趣买了。而中年妇女的心理则相反，她最怕穿与别人不一样的衣服了，这样显得太另类，容易产生不安全感。可见，说话不看对象，难免事与愿违。

很多人在说话的时候，容易犯这样的毛病，说话很随意，不考虑对方的心理，因此常常在不经意间冒犯人。轻者，会惹得他人不高兴；重者，则可能伤及他人的面子、自尊，让人产生敌视心理。

因此，我们在开口与人交谈之前，一定要摸清各种人的性格、爱好、心理等，进而选择不同的说话方式，并把握好分寸。只有这样，才能顺畅沟通、增进情谊，成为受欢迎的人。

与人交谈，首先要弄清对方的性格特征。如果对方成熟、老练，你就应该说些流利而稳重的话，不能高谈阔论。如果对方性格坦率、耿直，你的谈吐就要简洁明了。如果对方自尊心强、爱面子，你说话就要和缓，提出不同意见时，应尽量婉转。如果对方为人实在，你就应该多说些诚恳质朴的话。如果对方是学识渊博的人，你就应该说比较有水平的话，言辞应表现出含蓄和文雅。

人际沟通中，要先深入了解对方，认清对方的类型，然后再对症下药。每个人都有阴阳两面，有崇高与卑劣之分，有阳光与阴暗之别。而不同的人在不同的阶段，所体现出来的“阴”“阳”也不一样。针对这些变化，我们应采取不同的说话方式。对积极向上的人，应该跟他谈论积极向上的道理；对消极保守的人，应跟他讲述求全保身的生存之道。当我们与内心坦荡、有道德修养的人在一起时，应该尽量表现出高远的理想，展现出正直的情怀，畅谈人生道理；而当我们与见利忘义、心胸狭窄的人打交道时，就应该拿出谦虚谨慎的态度，使其觉得你与他们有着相似的观点和利益。无论他人是理想者还是现实者，我们都要掌握其类型，摸清其底细，然后设法用话语消除敌意，建立联系。

在同文化程度较低的对象交谈时，要注意从他们身边的事谈起，力求通俗易懂、深入浅出，使对方能听懂、听清、听得进去。与知识分子座谈、研讨时，所言要有一定的高度和深度，这样才容易产生共鸣。

交谈中，要注意对方的年龄。对年长者最好谦虚些、服从些。年长者总希望别人不忘记他“当年”的风光与业绩，同其交谈时，可多称赞他引以为豪的过去。与他们谈话，即使自己认为不正确也要注意聆听，而后再委婉地提出自己的意见。

对年龄相仿者，态度可以稍微随便些，但也应该注意分寸，不可出言不逊、伤人自尊。在与自己年龄相仿的异性说话时，尤其要注意，不宜乱开玩笑、态度暧昧，以免引起一些不必要的猜疑。

对年纪比自己小的人，应该保持慎重、深沉的态度。与他们谈话时，注意不要对其随声附和，降低自己的身份。但也不要同他们进行争论，执意坚持自己的意见。千万不要夸夸其谈、卖弄经验。否则，一旦被他们发觉，就会降低对你的信任与尊重。

不同地方的人，语言习惯不同，自己认为很合适的语言，在其他人听来，可能很刺耳，甚至认为你是在侮辱他。因此，在与人交往的过程中，要注意对方的语言习惯。一不留心、脱口而出的话，最易伤害双方之间的感情。

只有把握好他人的具体情况，与对方恰当得体地说话，或直陈己见，或委婉作答，看准时机、一语中的，才能使交谈畅通无阻。如果我们依此去沟通，就能攻艰克难，增大成事概率。

实话有时不能直说，“绕弯儿”更有效果

时下“心直口快”已不是美德，这样太容易发生言语碰撞。直言直语有时会成为一个人致命的弱点，喜欢直言的人常常只考虑到自己的“不吐不快”，而没有考虑旁人的感受。直言直语容易让人受不了，从而成为人际关系的阻碍。

直言直语后患无穷，如果我们能够随形就势，该直说的时候直说，该婉言的时候婉言，则不但可以消除许多不必要的烦恼，而且可以增进友谊和团结。

小娜是一个比较爽快的人，说话总是很直接，好就是好、不好就是不好，从来不会拐弯抹角。同事问她："我这件衣服怎么样？今天刚买的。"她觉得好就说："挺好的！"如果觉得不好，她就会说不好看。每每此时，她就会看到对方眼中掠过的一丝失望，之后对方就不会再来问她第二次。渐渐地，她和同事的关系变得疏远了。她当时很纳闷，不好就是不好嘛，我又没说错。

有几次老同事听到她这样说话便提醒她："你说话太直接了，人家听着多不舒服！"小娜后来仔细想想也确实是这个道理，自己总是给人泼冷水，要是换了自己也会觉得不舒服。后来再有人问她类似的问题时，她这样回答："这件衣服你穿挺好的，不过要是颜色再深点就会更好！"

在人际交往过程中，必须懂得在说话时巧妙地拐个弯儿，千万不要信口直说。直来直去，会使对方心中不快，以致双方关系破裂，甚至反目成仇。为了使人际关系更和谐，得讲究些说话的艺术。主持人窦文涛说："在社会上混，你总得知道什么话能说，什么话不能说，什么话得这么说，什么话得那么说。说不好话，恐怕连活下去都有困难。"有时与客户或上司、同事等说话时，需要懂得一点儿转弯的艺术。聪明人懂得认清情势，直话不直说，说话会拐弯儿，委婉地表达自己的意图。这样既不得罪人，又达到了自己的目的，是智慧做人的表现。

在沟通中，有时不必直陈本意，可以用委婉之词加以暗示，让人经过一番思索才能明白，而且越揣摩含义越深越多，因而也就越有吸引力和感染力。现代著名诗人柳亚子才华出众，吟诗作文皆受人赞赏，只是他的书法虽然流畅奔放，却有些潦草，让人不容易认清。对此，书画家辛壶不直说柳亚子的字迹潦草，却委婉地说他的字是“意到笔不到”，这话含蓄、风趣，使柳亚子立时醒悟。在人际交往中，委婉含蓄的语言往往更意蕴深刻。婉言既能让对方听出弦外之音，又不伤彼此和气，何乐而不为呢？

面对常来打扰的客人，你并不想跟他闲聊胡扯。此时可以用暗示的方法让对方领会。你可以这样说：“今天晚上我还有空，咱们可以好好聊一聊。不过，从明天开始，我就要全力以赴写总结了，争取能如期上交。”这句话的含义是：请你从明天起就别再来了。在与他人沟通时，如果遇到不方便直接表达的话语，可以像这样采取一些暗示的方式来表达。

说话不一定要直来直去，委婉含蓄地表达，不仅可以避免形成僵局，而且让人容易接受，还可深得人心。

有的人经常一开口说话就冷场，有的人一说话就讨人喜欢。其中的原因之一在于，即使同一件事情、同样的话，只要换个说法，颠倒一下次序，调整一下语气，听者的感觉就会有所不同，从而决定了他人是否喜欢你的话。同人说话应尽量选择体现正面意思的词。比如说，要感谢他人的等候，常用的说法是“很抱歉让您久等了”。“抱歉久等”实际上在潜意识中强化了对方“久等”的感觉；我们不妨换成比较正面的表达：“非常感谢您的耐心等待。”这样就顺耳多了。

再如，不要说“我没法加班到太晚”，你可以说：“明天我来早一点，这样行吗？”同样地，不要说“我没法处理这些问题”，你应该说：“我目前还不知道该怎么处理。你能否教我一下，这样下次我就能独立完成了。”

问题不在于你说了什么，而在于你是怎样说的。很多时候，只要稍微改变一下说法，即可产生完全不同的效果，就能使人乐意答应自己的请求。委婉表达，可以采用以下几种方式。

1.曲语式委婉法

曲语式委婉法是以曲折含蓄的语句表达自己的意见。例如，超市里的优秀服务员，会温和地对顾客说：“请您小心一点，不要把菜叶碰下来。”她其实是在含蓄地告知顾客“剥下菜叶是不好的”，以这样的方式说话，能避免惹人不快，防止矛盾的激化。有时，这种委婉法比直接表达更有力量，也更有效果。

2.借用式委婉法

借用式委婉法是借某种事物或者是事物的特点来代替对实质问题直接回答的办法。

美国总统林肯一直喜欢用委婉的方式来表达意图。当他对每天送到他办公桌上的那些冗长、复杂的官样报告感到厌倦时，他提出了反对的意见，但是他没有直接表示反对，而是以一种委婉的方式说："当我派一个人出去买马时，我并不希望这个人告诉我这匹马的尾巴有多少根，我只希望知道它的特点何在。"

这里，林肯婉转地表达了自己的观点：他不愿意批阅冗长、复杂的报告，写报告的人应该像买马人报告马的特点那样，抓住重点即可。

3.避讳式委婉法

避讳式委婉法是指说话时遇到有犯忌的事物，不方便直说或者是说出来会使人感到难堪，因而用别的话来回避掩盖或装饰美化的说话方式。

总之，在与人交往时要学会说话"绕弯儿"，这样才不至于冲撞别人，才容易把话说到对方心里。

根据情势说话，避免与他人产生碰撞

人际交往过程中，应根据情形选择说什么话。在不必把话说得太死、太精确的时候，可以运用"模糊语言"。这样就能轻松地摆脱窘境，获得更好的表达效果。

对于他人的各种问题，尽量不用“是”或“不是”回答，直言表达后患无穷。所以聪明人懂得含糊闪躲，用模糊语言应对。其特点就是不直截了当地表明态度、得出结论，避免与对方碰撞和交锋。模糊语言是人际交往中随机应变的一种重要方法，常用于一些不必要、不可能或者无法把话说得太实、太死的情况。例如，当你的一位朋友问你他对某问题的处理是否可以时，而你觉得实在不太妥当，但直接否定又容易伤害人，此时便可以模糊地回答说：“还好。”“还好”是不太好还是还可以？不好界定，这就是假话中的真实，它区别于违心而发的奉承。

再如，有人邀你有空去做客，你自己无法确定具体时间，就可以说“大约在十一前后，我一定去一趟”。这样很灵活，可以在节前，可以在节后。

在某些特定情况下，对本已清楚的事实或想法，故意使用含义广泛的模糊语言，可以使你的话具有某种弹性，能收到良好的效果。如有的管理者为了纠正某种不良倾向，又不至于使矛盾激化，便使用模糊语言：“最近，我们员工的纪律状况总体上是好的，绝大多数员工比较自觉，但也有极个别员工表现较差……”这里，使用了一系列的模糊语言，如“最近”“绝大多数”等。这种批评既照顾了有缺点的员工的面子，又指出了问题所在。

当被人问及隐私时，例如，“你多大年龄？”“你的收入多少？”“夫妻感情如何？”这类问题如果被好事者探到实情，你可能会很被动。因此，遇到此种情况，你可以借助具有“弹性”的模糊语言来应对。这样既不冷落对方，又不使自己为难。

如果别人问：“你的收入是多少？”你可以回答“不比你的多”。如果别人打听到你进这家公司颇费周折，有意问：“你是怎么到这家公司的？”你可以说：“如果你感兴趣，以后我再慢慢地告诉你。”

“模糊语言”固然有其作用，也不是说凡事都得“模糊”。该明确表态的也含糊其词，那是十分错误的。那么，遇到什么样的问题，在什么样的情况下，宜用“模糊语言”呢？

当事态不明朗时。事物的发展变化总是经历一个发展、演变的过程。当事物还处于发展变化的初期，对其好坏、美丑、利弊等是难以断定的。此时，就需要等待、观察、了解、研究，切不可贸然开口、妄下结论。

当受情势所迫时。有些事情碍于某种情势或某种关系，不便把话挑明，你可以说：“这件事比较难办，让我考虑一下再说吧。”这样就为自己留下了回旋的余地。有些经验丰富者遇到此类问题，会说几句幽默话，或讲个笑话，而不直接作答，这可说是“模糊表态”中的高手了。

当不了解对方时。我们不妨拿谈恋爱打个比方，王军和李萍经人介绍相识了，初次见面，双方都有继续交往的意思。接下来是两人进行交谈，这对双方来说都是一种试探。在分别时，王军对李萍说："我对你的印象还可以，不过还是让我们再多些了解吧。"李萍也微笑着回答："我和你的感觉一样。"

这里双方的表态都是"模糊"的，既表达了愿交朋友的意向，又为自己留下了回旋余地，双方都高兴，也为以后的进一步交往打好了基础。

由此可见，模糊表达是一种说话的艺术。含糊其词地回答对方的问题，看似很简单，但要把模糊语言用好则是一门学问。世界著名男高音歌唱家帕瓦罗蒂不愿把自己的体重公开，于是，当有人问他现在体重是多少时，他回答说："比过去轻。"对方再追问他过去多重时，他说："比现在重。"他用的是模糊应答，绕来绕去，最后对方还是一无所知。

人如果在关键时刻不会模糊应答，不会耍点"语言小花招"，是不能真正把问题处理好的。现实生活中，面对形形色色的人，随时需要你说不同的话。当不小心陷入语言陷阱后，很多人无力自拔，要么撒泼，要么沉默，要么失去理智以拳相向，这些都不是解决问题的好办法。为了避免不小心掉入语言陷阱，你需要机巧地应对。

在职场上难以解答的事经常会碰到，甚至有时会让你猝不及防。此时，你明知问题本身就是陷阱，该怎样应对呢？耍耍小花招——顾左右而言他吧。

某公司市场助理崔小姐曾遇到老板这样的问话："你觉得

薪水够用吗？”她不知老板的用意何在，于是张嘴就是一句心里话：“我不敢说不够用……”

有些老板喜欢听手下说薪水不够，因为他以为抓住了你的“软肋”，对你施以小恩小惠你就会甘心为他服务。但有的老板则会由此想到：“不对嘛，一个小姑娘，开销这么大？花自己的钱都这样，花公司的钱不就更……”崔小姐事后颇有感触地说：“遇到此类事，最好是模糊应答，顾左右而言他。”

第二章

善于“听话”，人际关系会更融洽

交谈过程中，除了会说，还要会听。这就需要我们增强倾听的能力，机动灵活地理解别人的话语，领会对方的“言外之意”。善于倾听是对他人的理解与认同。能够用心地听，才更容易赢得他人的好感与回报。所以，如果你希望受人欢迎，就做一个有耐心的听众。

倾听是对他人最有效的恭维

一个时时带着耳朵的人远比一个只长着嘴巴的人讨人喜欢。人们喜欢善听者胜于善说者，善听的能力非常重要。与人沟通时，如果一味地诉说，根本不管对方是否有兴趣听。这是很不礼貌的事情，也极易让人产生反感。

在与人交谈的过程中，许多人总将自己放在主要位置，自始至终喋喋不休地推销自己，滔滔不绝地诉说自己的故事。这是种不好的说话方式，并不能表示你很会说话，相反，会显得你说话缺乏热诚、不负责任。说话像放连珠炮，只能使人厌烦，因为你一开口，别人就没有机会开口了，结果当然是自讨没趣、令人生厌。

成功交谈的秘诀是什么？就是专心致志地听人讲话。是的，几乎所有的人际专家都在建议我们要倾听、倾听、倾听，倾听可以让你的订单来得更多，倾听可以让你身边的人更喜欢你，倾听可以让你的客户更信任你。一般的推销员在推销产品时，70%的时间是他在讲话或介绍产品，这样的推销员业绩平平。而如果你想成为优秀的推销员，建议你把70%的时间让客户讲话、你倾听。倾听是一种个人修养，倾听更是一种生存手

段。世界上的难事之一便是闭上嘴巴，假如你不张开耳朵、不适时地闭上嘴巴，你就会失去无数机会。切记，千万不要太忙于说话，要学会“听话”。

在一次推销中，推销大师吉拉德与客户洽谈顺利，正当马上就要签约成交时，对方却突然改变了主意。当天晚上，吉拉德找上门去求教，客户见他满脸真诚，就实话实说：“这是因为你不能耐心地听我讲话。就在我准备签约前，我提到我的独生子即将上大学，而且提到他的成绩和他将来的抱负。我是以他为荣的，但是你当时没有任何反应，而且转过头去和别人通电话，我一恼就改变主意了！”

此番话重重地提醒了吉拉德，使他领悟到“听”的重要性，让他认识到如果不能自始至终倾听对方讲话的内容、认同对方的心理感受，难免会失去自己的客户。

其实，很多人人际关系失败的原因，不在于说错了什么，或是应该说什么，而在于他们不能专心倾听对方说话，听得太少，或者不注意听。以同情和理解的心情倾听别人讲话，这是维系人际关系、保持友谊的最有效的方法。如果你希望受他人欢迎，做一个有耐心的听众，鼓励别人畅所欲言是最大的诀窍。

于勇是某企业人事部门的职员，让他自豪的是在企业里他是人缘最好的人，但是过去的情形并不是这样。在他初到人事部门的头几个月，在同事中他一个朋友也没有。为什么呢？因为每天他都使劲吹嘘自己在工作方面的成绩，以及所做的每一件事情。他发现，在他对领导及同事不停地说他的诸多引以为豪的事情时，他们显得极不高兴。

于勇渴望大家能够认可他，但是他并不知道自己的问题出在哪里。他妻子对他说："你想让别人听你说话，那么你何不先去听听他们想说什么呢？这样也许他们就会慢慢地接纳你。"

于勇听了妻子的忠告，在与众人闲聊的时候，开始少谈自己，花更多时间认真倾听同事说话。他发现原来同事也有很多事情要说，他们在诉说自己的成就时，明显比倾听别人说话要兴奋得多。慢慢地，大家有了什么话都喜欢告诉他，后来几乎所有的同事都成了他的朋友。

由此可见，如果你希望成为一个受欢迎、人见人爱的人，那就要先闭上嘴巴，做一个懂得倾听的人。

专心倾听，是对别人的尊重，也是你给予别人的最有效的赞美。在沟通的过程中，假如你能耐心地倾听对方说话，这就等于告诉对方"你说的东西很有价值"，或"你说的话我乐意听"。无形之中，对方的自尊便得到了满足，对你的感情会发生一个飞跃，认为你能理解他，于是，你们之间心灵的距离缩短了，就可能建立起友谊。由此可见，如果我们要成为一个受人认可的人，就应该学会去倾听别人说话。

不管说话者是什么人，倾听的功效都是相同的。任何人都渴望他人能对自己感兴趣，即使是不发表什么言论，只是安安静静地听，他也会觉得心满意足。

在一个晚宴上，李响结识了一个陌生的植物学家。李响发觉他的讲话非常有趣，于是就专心地倾听，听他肆意谈论花草树木以及空中花园。这位植物学家还给人们讲了他在国外的一些有趣见闻。李响什么也没说，只是专心地听他说话，一连听了好几个小时。

最后临别时，这位植物学家向所有的人宣布“这个小伙子是最有意思的谈话家”。这似乎让人奇怪，李响自始至终只是一个倾听者，却被说成“谈话家”。这就说明倾听也是一种交流，也是一种对话。

善于倾听是各个行业里的成功者最重要的一项沟通技巧。“喜欢说，不喜欢听”是人失败的原因之一。在与他人交谈时，如果我们善于倾听，让对方畅所欲言，就能赢得他人的青睐与好感。

增强“听话能力”，让沟通更有价值

沟通中，不仅要学会讲话，还要学会倾听。倾听是沟通的前提，倾听能激发对方的谈话欲，促进更深层次的沟通。此外，善于倾听能探测到对方的心理，这有助于了解和把握对方的需求，有益于与他人进行协调沟通。所以，一名善于沟通者必定是善于倾听的人。先听懂对方的意思，再说出自己的想法，适当地提出问题，这种良性互动会让沟通更通畅。

在人际沟通中，要尽可能少说而多听。人际关系大师戴尔·卡耐基曾经说过："当对方尚未言尽时，你说什么都无济于事。"无论是想和他人进行良好的沟通，还是想有力地说服他人，首先要学会积极地倾听别人的话语。

在人际交往中，要尽可能少说而多听。但随着工作频率的加快，更多的人愿意用"说"作为唯一的沟通方式，因为它更快、更直接。实际上，听和说是不能分开的两个环节，只听不说的人不能成功，只说不听的人也不能成功。

交流的特征就是有说有听。除了会说，还要会听，这就需要我们提高倾听的素质，能动、灵活地理解别人的话语。良好的倾听素质可以从以下几方面来培养。

1.善于运用体态语言

倾听时，要注视对方，表现出全神贯注的神情。身体要向对方微微前倾，适当地运用一些表示诚恳的小动作，如点头、微笑等，要避免呆若木鸡的神情。此时，看表、修指甲、打哈欠、伸懒腰等都是不合时宜的。

2.能动理解，听取关键词

倾听过程中，要对谈话内容进行能动理解，即对谈话内容自觉努力地接收和处理。我们可以用自己具有的科学知识、人生体验、实践经验等，正确和全面地理解谈话内容，要有重点、有取舍地理解，找出谈话中的关键词。

所谓的关键词，指的是谈话内容中一再出现或强调的字眼，这些字眼透露出某些讯息，同时也反映出对方的兴趣和情绪。找出对方话中的关键词，可以帮助我们决定如何响应对方的说法。我们只要在自己提出来的问题或感想中，加入对方所说过的关键内容，对方就可以感觉到你对他所说的话很感兴趣或者很关心。

3.及时准确地反馈

在沟通的间隙，你可以作出一个听懂对方话的表示，如你可以用“对”“是的”等词语回应，以表示“我在用心听你说话”。及时的反馈对说话的人会是极大的鼓励。

在对方讲话过程中，如果你有的地方没有听清，又特别需要向对方进行确认，你可以简要地复述对方言语中的重点，如“你刚才的意思我理解是……”“你的话是不是可以这样来概括”等。对容易产生歧义的地方，要及时地与对方沟通，以便充分了解其真实想法。对方说的某一句话可能存在两种或多种理解，不要自以为是，只按照自己的好恶去理解，否则容易产生误解。所以对于存有异议的地方，一定要及时地与人进行交流，力争澄清事实。

当对方有所停顿时，你要静静地等几秒钟。如果对方只是暂停下来整理思绪，这样做就避免了打断他说话。另外，这样也给自己留下思考的空间，可以更好地准备应对对方的发话。

4.忽略方式，注意内容

一般来说，谈话内容是固定的，谈话方式则可以随机选择。你倾听时首先要注重谈话内容，不要太计较对方的谈话方式，有时甚至要有意识地忽略一些不恰当的方式。

例如，某领导对文书说："你不想在这儿干了吧？所以将文稿写得这样糟糕。"如果计较这种情绪化的批评方式，文书就会反唇相讥，这不仅于事无补，而且会增加相互之间的矛盾。反之，对领导的话采取忽略的方式，注重文稿不合要求这一事实，主动采取措施弥补，不仅能获得谅解，而且能使情况好转。

听懂"话中话"，说出让人满意的话

中国人的性格特点是含蓄，要表达的意思一般都包含在话里，也就是人们常说的"话里有话"。这种现象很普遍，在与人交往的过程中，你更要领会对方的"言外之意"。

例如，有人问你："小王，本周末有时间吗？你会打羽毛球吗？"很多人容易据实相告，"我没时间"或"我不会打"，以至失去了与人联络感情的机会。这样回答的人明显不懂“弦外之音”。其实，对方这句话的意思非常简单，就是希望你本周末陪他打羽毛球。

只有听懂别人话语中的意思才能沟通得更好，才能将事情解决得更圆满。他人对你有要求，有时碍于情面，不会以率直的语言表达出来，有时嘴上这样说，心中却要你那样做。用委婉暗示或其他曲折隐晦的方式把自己的意思表达出来，如果不经过仔细揣摩，就无法正确地理解其意图，在回应对方时，就容易发生偏差，从而导致对方不满或恼怒。

主管让丁航就全年的工作写份工作总结报告，并且嘱咐说“越详细越好”。于是丁航花了几个星期的时间调查情况，把一年的工作事无巨细都写了出来。主管看了报告，摇头表示不满。原来他的意思是，希望在产品质量及生产方面总结得详细一些。可是丁航没有理解，写得过于详细，连公司组织了几次会议，举办了几次聚会都写得清清楚楚。主管对这份报告非常不满，丁航受到了批评。

对于上级的意图，实际上丁航并没有揣摩透，就去简单地执行，这显然不行。为了更好地领会上级意图，当你接受指示的时候，不妨问得清楚些，不要自以为是或模棱两可地去执行，否则很容易给自己制造麻烦。千万不要上级说了什么，就想当然地认为完全理解了。因为他人有时不会把心中的想法直接说出来，需要你仔细揣摩才能明白。

如果有一天，有人忽然问你：“这件事我做得怎么样？”或是：“你觉得我这个人怎么样？”你千万不要实话实说，无论你和对方的私交多好，你都不要直言不讳，否则可能会让对方反感，破坏双方的感情。当有人向你征询意见的时候，你要从他的“话里”听出其真正的意图：是真的想听你一言，还是只是顺嘴一问。

小季随老板一起到外地出差。一天，老板对一大宗商品表现出很感兴趣的样子，但他一直念“价格太高”。于是他小声地问小季：“你觉得怎么样？”小季想了一下，微笑着对老板说：“我看挺不错的，值得购买。”老板立即表现出了很高兴的样子，随即与这家公司签了合同。

这个老板是真的要询问小季的意见吗？实际上，他心里早就打好了算盘，小季就算是否定他也会签的，但是如果小季真的那样讲，就会让他有心理压力。看来小季的回答方式是聪明的。

我们如果能准确地领会他人的意图，就能顺畅沟通，增进情谊。因此你要学会听出说话者言语中隐含的意思，把握住其真实的意图。

准确领会他人意图需要长期练习，应注意一定的方法、讲究必要的技巧。可以从以下几方面下功夫。

1.从平时言谈中捕捉

他人的设想、主张，往往会通过言谈阐述出来。我们一定要做有心人，留心观察他人的言谈。无论是与对方一起工作、参加会议，还是一块就餐、散步、闲聊，对其言谈都要用心揣摩。只要“善闻其言”，注意收集信息，将相关材料联系起来分析，准确把握对方意图就是水到渠成的事了。

2.弄清楚各种暗示

很多人都不会直接说出自己真正的想法和意图，他们往往会运用各种方式百般暗示。所以一旦你听到暗示性极强的话，就应该用心琢磨、品味，了解其话语的真正用意，才有可能同对方达成某种默契。

寇准当上了北宋宰相后，与他相交很深的朋友、知益州的张咏就对其部下说：“寇准大有才华，可惜学术不足。”张咏一直想找个机会劝寇准多读些书，以便更好地治理天下。

恰巧时隔不久，寇准因事来到陕西，刚刚卸任的张咏也从成都来到这里。老友相会，格外高兴。临分手时，寇准问张咏：“您有什么指教吗？”

张咏正想趁机劝寇准多读书，可是又一想，寇准是堂堂的宰相，自己怎么好直截了当地说他没学问呢？他略微沉吟了一下，慢条斯理地说了一句：“《霍光传》不可不读。”

当时，寇准弄不明白张咏的这句话是什么意思，可是还未等他细问，张咏就走了。

回到相府，寇准赶紧找出《霍光传》，他从头仔细阅读，当他读到“光不学无术，暗于大理”时，恍然大悟，自言自语地说：“我明白张咏的劝告了！”

原来，当年霍光曾任大司马、大将军等要职，他辅佐汉朝立有大功，但是居功自傲、不好学习、不明事理。

寇准虽为宰相，却不大爱读书，因此，张咏劝他多读书是理所当然的。然而，说得太直，寇准会觉得丢面子。于是张咏以一句“《霍光传》不可不读”的赠言让其自悟。而聪明的寇准一想就透，于是愉快地接受了这个好心的建议。

3.暗中回顾，整理出重点

在与他人谈话时，应该放松心情、专心倾听，听出其中的隐意。当对方讲完后，你可以稍作静思，在心里回顾一下对方的话，删去无关紧要的细节，整理出其中的重点所在。然后，向他提一两个问题，让自己真正弄清他的谈话要点。或者用核对理解式的措辞，把他的谈话概括地说一下，然后在心中熟记这些重点和想法。这样我们才比较容易从对方的观点中了解整个问题。

听懂他人的“弦外之音”是一种功力，应有意识地加强练习。只有这样你才能准确地掌握他人心思，说出让对方满意的话，加快自己发展的步伐。

倾听他人的批评，找到完善自我的方法

生活中，一个人无论多么优秀，也总会有一些这样那样的

缺点或过失。因此，被他人指责批评是很平常的事，关键是看你怎么样对待批评。

对于职场中人来说，被批评是十分令人懊恼的事，满腹委屈不说，往往还不容辩驳。大胆的，也许还能回敬对方几句；嘴笨又胆小的，只有灰头土脸挨批的份儿。被批评真的就如此难堪吗？我们应如何对待他人的批评呢？

受到他人批评时，智者会表现出诚恳的态度，虚心接受，从批评中学到东西，以便改进自己。别人的批评对你是来说最好的礼物，可是，如果没有足够的涵养，你可能会丧失掉这个成长的好机会。

批评是对我们的善意监督与提醒。如果你对此不加注意，将会破坏人际关系、丧失各种机遇。面对批评，有的人耿耿于怀、不思悔改、不接受批评，最终节节败退。有的人认真听取、虚心包容、善意改过，最终使自己更加优秀。

李耀进入某公司后，由于工作出色，很受上级领导赏识。面对工作上的成就和领导的夸赞，李耀难免有些自以为是，经常因故和他人发生争吵，以权势对同事进行欺压等。渐渐地，这些事传到了上司陈总的耳朵里。

有一天，李耀正在会议室里开会时，陈总走了进来。他直接坐到李耀的对面，劈头盖脸地训斥他：“不要以为你得到的一切都是理所应当的，你今天的成绩是离不开众人的关心及帮助的……你不能太自以为是……”李耀被当场痛批一顿，他觉得特别委屈。他刚想申辩，但一句话没说完，就哽咽着说不下去了。晚上回家后，他准备写辞职信。

那一晚，他彻夜未眠。但最初的冲动过后，他冷静下来，认真反思了自己。究竟是不是自己做错了？经过了彻夜不眠的思考，他终于想通了，是自己的工作方式太过激进，是自己的傲气和刚硬，使人际关系太过僵硬……领导的批评，不但使他彻底反省了自己的缺点，更让他学会了如何做事、如何沟通。

最后他终于想通了，觉得领导对自己的批评是对的，这不仅是对单位负责，也是对自己负责。于是，他撕掉了辞职书，改为写了一封检讨书。

之后，李耀对自己提出了更高的要求，他的工作水平也不断地得到提升。

批评并不可怕，关键在于我们怎样去认识它、对待它。无论批评者是什么动机，我们都可以把批评当作改进自己的一种指南，引导自己不断地进步。

其实我们大可不必为他人的批评忧心忡忡，甚至做出极端行为。实际上，他人之所以批评或训斥你，有时是发现了问题想促使你纠正；有时是想告诫你不要太自以为是；有时是为了显示自己的威信，含有“杀一儆百”的意思……不论是因为什么挨批，你都应该从容应对。

在面对领导和同事等的批评时，要正确地认识批评、勇敢地面对批评。试着领会他们的意图，了解他们的良苦用心，以积极的态度接受批评。要冷静下来想一想，自己到底错在哪里？问题到底出现在哪里？要采取“换位思考”的方式，站在批评者的角度来理解批评、思考问题、找出原因，以期从批评中汲取营养、从斥责中接受教训。只有这样，才能及时纠正错误，避免错误重犯、问题重现。

其实，批评不仅是对人或事情的指责，更多的是爱护和责任、鼓动和帮助，很少会有人特意和你过不去，所以，要善待批评。清朝大理寺卿王昶曾经告诫儿子说：“别人抨击我们，我们应当退而反省自身。对方批评得当，则对自身大有益处，如若对方妄语，则对我们自身也没有伤害，我们又何必去报复呢？所以忍辱的要义是自我反省。”

我们不要把批评当成包袱，而要在批评来临时，清醒地认识、认真地反省，把每一次批评都看作是改进工作、完善个性、增强能力的机会。想想看，如果一听到别人捧就高兴、别人骂就生气，那张艺谋不知都气死多少次了。有一次，某主持人问张艺谋“你怎么看待一些对你的微词”，张艺谋说他把批评他的文章单独裱糊出来，经常提醒和鞭策自己。如果我们只听得见赞誉，多半会因为不思进取而失败；如果我们能听得见批评，则可能奋发而更加成功。很多人成功，也有很多人失败，其中一个很重要的原因就是能不能正确对待批评。

生活中，我们要端正自己对待“异声”的态度，主动去征询不同的意见。比尔·盖茨经常对全公司的员工说：“客户的批评比赚钱更重要。从客户的批评中，我们可以更好地汲取失败的教训，将它转化为成功的动力。”可见，善于主动听取别人的批评，才能不断改进自己的工作。

错误并不可怕，只要你能正确对待它。从自己的错误中吸取教训，从他人的批评中汲取营养，这样，你就会逐步走向成熟、走向成功。

第三章

说话有尺度，别让“胡言乱语”损害情谊

是非矛盾很容易在社交场合滋生，说话不小心就有可能惹祸上身。因此，一定要明白哪些话该说、哪些话不该说。在人际交往中，不要随意说话，太过随意轻则会使交谈不愉快；重则会令对方动怒变脸，甚至招致祸害。管牢嘴，防止说话时不留分寸给自己带来灾祸。如果能这样做，那你一定会收获更多。

不该说的别说，慎言才能少祸

俗话说，言多必失。一个人如若管不住嘴巴，总是不停地说话，说得多了，言语中就难免会带出许多隐秘。诸如你对他人的看法、你对事情的态度、你今后的打算等，都会从言语中流露出来。你不经意的言论被他人听到后，就难免会被人四处闲传，传话者也难免会加入他个人的主观理解，等到你说的内容被传到他人耳中时，可能已经大相径庭，势必会造成误解、隔阂，甚至形成仇恨。这种缺少修养的言谈，遭到报复也是很自然的。

喜欢乱发牢骚、传递小道消息、胡侃吹牛，这些都不是好习惯，这些习惯若不及早纠正革除，总有一天会自食苦果。我们身在职场，要尽量少说话，稍不注意就有可能自毁前程。

人际交往中，我们都有许多话要说。说什么，怎么说，什么话能说，什么话不能说，都应该有所考虑。很多时候，有些人吃亏就是因为没能管住自己的嘴。西班牙有句谚语“失足尚可挽回，失言无法补救”，如果你不想因为失言给自己带来麻烦，那就不要信口开河，以避免“说者无意，听者有心”。

当小曼与男朋友一同到一家餐厅吃饭时，她刚一落座，便惊讶地发现对面的男人居然是自己的领导！此时，领导没有了上班时的一本正经，而是充满柔情蜜意。他的对面坐着一位美丽的女士，而这位女士明显不是领导的老婆（小曼曾经见过她）。

当晚小曼并没有让领导发现，第二天，眼看着茶水间里大家都有猛料爆出，她忍不住将昨晚的见闻说了出来。毫无疑问，她立时成了焦点人物。

几天后，小曼被领导叫到办公室中，对方神情严肃地告诉她：“你不必干了，可以走人了，办公室里不需要多嘴的八哥！”此时小曼才意识到，肯定是有人将自己爆料的事情告诉了他。

人人都有隐私，如果你不想让自己的职场生涯走得很艰难的话，就应该对他人的隐私“视而不见”。在职场上，不要去窥视别人的隐私，如果你在偶然的情况下得知了他人的隐私，一定要学会装作不知道，千万别到处宣扬。否则，说不定在什么时候，对方就会给你难堪，或者给你制造困难，你将会很难在职场上立足。

我们常说“三思而后行”，实际上，在和人交流的时候，同样要做到“三思而后说”。少说，并不是让我们不说，而是让我们说该说的话、恰如其分地说话，绝不可胡说、乱说。粗心的人说话常常不经过大脑，只顾自己说得痛快，而忽略了他人听后的感受，结果无意中得罪了许多人却还不自知。有些人天生爱说话，但是你要明白哪些话能说、哪些话不能说。该沉默的时候闭上嘴巴，也是一种智慧的体现。

如果想在职场中立足，说话一定要谨慎。一些不宜说的话，平时一定要回避。

薪水是需要回避的话题。不要向人打探薪水，一般他人也不会告诉你。即使有人肯告诉你，如果你得知自己没他薪水多，心理就会不平衡，因而容易对他人产生不满。

不谈公司里的敏感话题。诸如“公司工资太低”“他没理由挣得比我多”的话千万别说。这种话容易被人添油加醋地传来传去，让你连解释的机会都没有。例如，今天你和某同事说“老板能力不行，办不成事”，过不了两天这话就传到老板耳朵里，你还不知情，就把人得罪了。说不定哪天你被人收拾了，哭都不知道为什么。

或者你跟一个关系不错的同事说了怎么整治老板之类的话，万一哪天此同事晋升为你的上级，你说他会怎么想你呢？想一想从前说过的话，多少也会有点心虚吧。早知如此，何必当初呢？

不谈私人生活。无论是失恋还是离异，对谁也别说。别只图一时倾诉的痛快，弄出事就后悔莫及了。把他人当知己的害处很多，如你曾告诉某人你的老公有外遇了，对方这时就可能会想：“连老公都搞不定的人，工作怎么可能干好呢？”

生活中，不要把自己的短处透露给别人，也不能拿他人的缺陷、隐私开玩笑，否则容易伤及对方的人格、尊严，以致令其恼羞成怒，与你翻脸。

在开玩笑时一定要注意场合，如庄重严肃的场合就不适于开玩笑。与异性、长辈、领导或初交者相处时，最好别开玩笑，否则容易得罪人，使自己陷入窘境。总之，只有选对人、开对玩笑，大家才能笑口常开。

牢骚可以有，但不可随便发

生活中，常常见到一些人，他们总是有着满腹的埋怨，且时常不停地发着牢骚，如自己工作的年限比别人长，为什么工资却不涨；我对他那么好他却不知回报；领导明明能力不如我，据说是靠关系上去的；因为某原因，我错过了一份满意的工作……

发牢骚是一种正常的心理现象。在人生发展过程中，人总会对人对事有各种不满意的地方，也会遇到各种令人难过、失落的事，如事业上的不顺、感情上的失落等，这时候难免会发发牢骚。

各种不如意的事总憋屈在心里就是一种痛苦，如不找人倾诉会更加痛苦。心理学家认为：把失意的事藏在心里可能会造成心理的疾病，所以找人倾诉心声是可取的。向别人倾诉苦衷的时候，的确会使人感到轻松些，能够适当缓解压力。但过多地向人诉说自己的烦恼就会带来不良的后果。

有些人往往会被烦心事所困扰，以至于陷入不能自拔的境地。为了减轻心理压力，他们往往会不断地将自己的烦恼及不幸向别人倾诉，企图得到他人的同情及安慰。这些人只顾自己说得痛快，却从来没有想过：当向他人倾诉自己的烦恼的时候，也给自己和他人造成了负面影响。

当你在吐露失意事时，心软的人也许会本能地同情你，但更多的人会凭直觉认为你是个事儿多或能力不足的人，要不然怎么会失意？由此，他们会看不起你。总喋喋不休地向人抱怨，也许你当时感觉畅快了，但你的听众可能会愈加反感，从而产生这样的想法，“不知道这人在私底下是怎样讲我的”，因而失去对你的信任，甚至会对你产生厌恶之情。

如果你的失意事让别人知道了，他们下意识地会对你产生不良印象。他们对你的态度也会很自然地变得不屑、冷淡。嘴上即便不说出来，心里也会将你看轻。就算你的失意能够引起别人的同情及安慰，你仍会因此而变成一个无助的人。

在生活中，因每个人的遭遇处境不同，考虑问题的角度不一样，对人对事有意见很正常，发发牢骚也是难免的，但是不可随意到处宣泄。发牢骚时难免会说某人的坏话，你没有想到“隔墙有耳”，你说的话不知不觉地被人偷听了去，成为了他向上司打小报告的“证据”。倘若他把你的话添枝加叶地传到上司的耳朵里，便成了让上司生气难堪的话了，上司难免会对你产生不好的看法。你辛苦工作的成绩，可能会因几句牢骚话而消失殆尽。

小曾是一家知名广告公司的职员，他自恃才华横溢，总是瞧不起同事，甚至对老板的创意也不屑一顾，认为老板的水平不行，因此经常在与人交谈时不自觉地流露出不满情绪。这些很快就传到了老板的耳中。于是老板主动找他谈话，诚恳地问他对自己有什么意见，在业务上有什么建议。令人可气的是，小曾却又支支吾吾什么也说不出，可见他心里也犯怵。这位老板还算不错，也没多说小曾什么，只是他对小曾的人品产生了怀疑，当面不说，却在背地乱说，他最烦这种人了。后来老板开始冷落小曾，不久，小曾离开了这家公司。

背地里发牢骚很容易让人认为你是个人品不好的人。如果你议论上司的话传到对方耳中，那么就算你工作再努力，也很难得到对方的赏识。所以一旦产生了不满情绪，可以私下找对方“说理”。当然表达意见要注意言辞，要根据对方的性格特点用其能接受的语言表述，这样对方较易听进心里去。对他人多些尊重，他人对你的好感就多一些，心平气和地沟通，没什么事谈不妥。这比你处处发牢骚、风言风语好得多。

所以，牢骚不是完全不可以发，但不能随便发发。发牢骚也要分对象、分时间、分场合。有些烦恼及失意，把它说给家人或朋友最好，实在不行，可以去看心理医生。千万不要逢人就倾诉，否则不但无法激起对方的同情，反倒可能徒增对方的反感，破坏双方之间的关系，阻碍自己的发展。

在交际场合与人谈话时，最好说些轻松愉快的事，尽量不要提及对他人的不满意以及各种失意，以免让人觉得你抑郁、多事、无聊，让人对你产生不良看法。

有备无患，不踩他人的“忌讳点”

俗话说，当着“矮子”，别说“短话”。人无完人，每个人都会有缺点、短处，可能是生理上的，也可能是心理上的，如隐藏在内心的不堪回首的经历等。我们切不可拿人的短处来谈论或开玩笑，因为对任何人来说，被击中痛处，都是不好受的。

据历史资料记载：明太祖朱元璋曾当过红巾军，被官家一再追捕，称作“红巾贼”。所以，朱元璋对“贼”字和与“贼”同音的“则”字最敏感，也最忌讳。一天，他发现大臣赵伯宁的一篇文章中有“垂子孙而作则”一句，当时就勃然大怒，他见到“则”字，便以为是在故意骂他为“贼”，于是二话不说，立马把此人杀掉了。

其实，这句话原本是赵伯宁吹捧朱元璋的谄词，意思是说他可做后世的楷模。不料赵伯宁竟因此送命了，可真够冤枉的。自然，朱元璋的所作所为有些过于极端，但是这件事所留下的教训是深远的。

人们对于自己的种种缺点、短处，通常都极为敏感，如果在交谈中不了解这些，有意无意触动了一些缺憾、隐私、伤疤，就会“说者无意，听者有心”，让人对你产生不满。

总公司的市场部经理郭云初次来办事处指导工作，中午和部门同事一起吃饭，席间谈起了刚刚离职的副总唐素。入职不久的小兰说唐素的脾气不好，很难相处。郭云说：“是吗，是不是她的工作压力太大以致心情不好？”小兰说：“我看不是，三十多岁的女人嫁不出去，既没结婚也没男朋友，老处女都是这样，心理变态。”

闻听此言，刚才还争相发言的人都闭上了嘴巴。因为，除了小兰，那些在座的老职员都知道：这位市场部的经理郭云也是待字闺中的老姑娘！

事后，小兰为自己当时的一番话悔青了肠子，但她已把郭云惹火，郭云认为小兰是故意令自己难堪，暗暗在心里为小兰记下了一笔“债”。

人之所以有那么多忌讳，从根本上说是自尊心问题，一旦被人揭短就觉得脸面上过不去；一旦颜面扫地，行为就难免过激。所以，如果你想要和谐的人际关系，说话一定要注意，切莫揭人的短处，触动他们的忌讳之处，免得对方由多心而伤心，继而对你失去好感甚至产生敌意。

美莲长得很胖，无论吃什么都会长肉，她非常难受。她吃了很多的减肥药也不见效，心里很苦恼，最忌讳有人说她胖。一天，她的同事小娜对她说：“你吃了什么呀，才几天工夫，又胖了一圈儿。”美莲立马恼羞成怒：“我胖碍着你什么了？不吃你，不喝你，你真是多管闲事呀！”小娜当时很尴尬，红着脸跑掉了，从此她对美莲总会刻意回避。此例中，小娜明知对方的短处，却还要把话题往上赶，这自然就犯了对方的忌讳，引起对方的憎恶也是很自然的。

人一旦有了忌讳，心理就会作怪，往往会把别人的无意当成有心，有时，你随口说了点什么，就可能被对方视为恶意嘲讽。因此，我们应极力避免谈论别人的忌讳之点，同时对与忌讳之点相关联的事物也应注意，以免伤人害己。那么，人际交往中应该怎样避讳呢？

1.深入了解交往对象的短处

对于他人的任何忌讳，都要做到心中有数，这样才能谨慎地避开对方的忌讳之物，以免触痛对方。慎言相避的关键是在得意时切忌自我吹嘘。自我吹嘘，很可能会无意中犯忌。

2.婉词相代，不使人过于难堪

有时为了避开对方的忌讳之物，不妨以婉词相代，以免使人难堪。例如，小彭年过三十，仍未选中合适配偶，因此有些心灰意冷、情绪低落。而你此时有意为他牵线搭桥。“你咋到现在还没有找到对象呢？我想给你介绍一个。”如此直言相告必定会犯其忌讳，令对方心中不悦。“假如你还没选中心目中的另一半，我愿意介绍一位较合适的人选，你意下如何？”这样以婉词相代，给对方“主动权在我手中”之感，使其自尊心得到满足，有关介绍对象的交谈就容易顺利进行。

3.用巧妙的语言岔开话题

即使你说话再谨慎，也难免有偶然失言触犯别人忌讳的时候。此时应该怎么办？切忌急慌慌地解释说明，因为越说越不明，反而弄巧成拙。最明智的方法，是用巧妙的语言岔开话题，及时把双方从困境中解救出来。

总之，在与人沟通交谈的过程中，不妨把话说得动听，尤其是当着那些有短处的人，更要专门找“长话”来说，毫不吝啬地赞扬对方的长处和优点，巧解对方的心结。这样，谈话才会投机，人际关系才会和谐。

贬低他人不能证明自己，反倒伤人害己

生活中，有些人总是喜欢在交际场合随意贬低别人，总说别人什么都不好一个人越是喜欢贬低别人，越是说明其内心极其虚荣、无助。越无助的人往往嘴巴上越厉害，为了防止别人说自己，所以自己先说，让别人无从下口。

为了引起别人的注意和重视，一味地贬低别人，这只会让人心生厌恶。所以，在与人交往的过程中，表现自己可以，但别用贬低别人的方式来抬高自己。

肖云一直觉得丈夫各方面都十分优秀，只是喜欢嘲笑、贬低别人。尤其是如果有人在他面前说谁谁比较优秀，他一定会嘲笑说，谁谁其实有某种缺点。当他开车的时候，如果前面的车启动得稍微慢点，他就会说人家“愚蠢”。一天，他去理财顾问那里想换一种基金持有，咨询的时候他跟理财顾问说：“我可不想被类似麦道夫的人骗啊！”他开户的银行是一个特

别诚信的大银行，不存在“麦道夫骗局”的问题。他后来跟肖云说，他其实不是这个意思，但是理财顾问的脸色马上就不好了。

肖云觉得丈夫愿意跟她说关于这方面的想法是好事，她也愿意听，于是就引导他说，下次碰到这种情况，你可以说：“过去两年这个基金收益率虽然不错，但是我的心理素质好，可以承担更多风险，我想持有高风险、高收益的基金，你有什么推荐的品种么？”

在肖云的引导下，她的丈夫有所改变，学会说话之前先过大脑，如果对方不愿意听，就不会说，宁愿闭嘴。同时，他也不再以嘲笑别人显示自己了。

生活当中，我们身边总是存在一些喜欢嘲笑、贬低别人的人，这是由于他们的修养还不够。也许他们身上也有值得学习的地方，但这样的人最需要学习的是尽快改掉这种毛病，不要让这样的不良品性出现在自己身上。

在社交中适当表现自己是可以的，但是不可抬高自己、贬低别人。很多人在跟人聊天时，总喜欢抬高自己，逢人便夸耀自己多么能干、多么高明，无所顾忌地嘲笑别人，完全不顾及别人的感受，总以为这样就能得到别人的敬佩与欣赏。而事实上，这样做往往适得其反。试想，如果你的言行令别人不好受，你还能过得舒坦吗？

赵博在某广告公司已经工作5年了，他能力出众、熟谙人情，颇有工作业绩，深受公司重用。和他一起工作的大刘则不同，他刚工作没多久，论经验、能力、资历等，都比赵博逊色许多。

前不久，公司承办了一次大型艺术节活动。部门领导为了集思广益、博采众长，便要求每位策划员都要拿出一份详尽的方案；并许诺说，谁的方案最终入选，将会有大额奖励。结果，赵博当仁不让，拔得了头筹。

得了奖励，赵博请众人去饭店分享喜气。席间，多喝了几杯，他开始扬扬得意地吹：“自从任务一发布，我就预感到，胜利非我莫属！为什么？哥们儿是谁啊，职场老将了，获奖无数，什么方案最能让人瞧上眼，什么方案得挨板砖，我打眼一看就知道。呵呵，比如，大刘那方案，一无是处，太不切合实际了，出局在所难免……”

他这一番连讥带讽的话让席上的大刘颜面尽失、羞臊难当。本来大刘就一直找不到机会证明自己，正在心急火燎呢。这次机会来了，虽说自己也下了一番功夫，但无奈实力不够，他的策划方案一出现就被淘汰掉了，此后挫败感一直郁积在他心里。

今天听赵博这么一说，他的血气开始顺着酒劲往上涌：“赵博，拿着别人的痛苦说事，打我的脸成就你的掌声，欺人太甚了！”这样说着，大刘便握着酒瓶站起身来，对赵博怒目而视：“闭上你的臭嘴，老子今天杀了你！”

幸好被旁边的同事及时拦住，才避免了一出惨剧发生。

赵博为了炫耀自己，竟然口无遮拦地贬低同事，着实伤了大刘的面子，大刘动火发怒也在所难免。

可见在公众场合，不要大谈自我，也不要逮到机会就大发宏论，把别人批得脸红一阵白一阵，随意自夸、口无遮拦的毛病，不仅暴露出自己的肤浅，也容易使人产生不满。

一般来说，他人听你谈论了你的得意后，会觉得自己受到了讽刺，他们内心深处普遍会有一种恼恨心理。之后他人对你的恼恨会通过各种方式来发泄，如说你坏话、与你为敌等。其实想想又何必？管好自己的嘴不就没事了吗？

面对得意之事，智者会将其放在心里，而不是放在嘴上，绝不会把它当作炫耀的资本、贬低他人的武器。

美国著名作家杰奎琳·苏珊所写的《恋爱机器》发表后，总被人拿来与菲力浦·罗斯的《波特诺伊的抱怨》一书相提并论。有人曾经问苏珊对罗斯怎么看。苏珊回答说："他是一个非常优秀的作家，但我不想谈他的作品。"她这样的回答是得体的。在人际交往中，一言一行都要考虑对方的感受，学会安抚而不是刺激对方的心灵，不要由于自己的显摆使对方心理失去平衡，给对方造成伤害。

人有一定的表现欲是无可厚非的。但那些时时、处处都想突出自己，甚至以贬低他人来抬高自己的人，最终不但不能抬高自己，反而会让人看低，所以此种做法极不可取。

第四章

凝聚超强人气，成为社交的“磁场”

人气对成功很重要，人气高才能爬得更高。如果你想提高自己的人气指数，那么就要让自己成为一个“磁场”。要懂得提高内在修养，从语言、热忱、态度等方面显示魅力，吸引别人主动向你靠拢。被你吸引的人越多，你的圈子就会越大。凝聚人气的结果就是拥有好人缘，赢在职场。

交往之道特别多，真诚为最上策

无论对人对事，“真”是根本。“真”是一种态度，更是一种依托。人说话办事如果缺乏真挚的情感，就如同一束没有生命力的假花，虽然美丽但不鲜活，缺少魅力也就没有吸引力，虽然能欺骗别人的眼睛，却不能欺骗别人的心。真诚是做人的起点，也是做人的归宿。只有真诚，才能获得别人的尊重与信任，在复杂的人际交往中立于不败之地。

人际交往中，始终保持一种真诚的态度，会赢得别人对你的好感与认可。当你用得体的话语表达出真诚时，你就赢得了对方的信任，对方也就可能由信赖你而喜欢你说的话，进而喜欢你的一切。

人们讨厌虚伪的举止、做作的腔调。而真诚的话语及举止，能使人心悦诚服。曾经打败过拿破仑的库图佐夫，在给叶卡捷琳娜公主的信中说：“您问我靠什么魅力凝聚社交界众多的友人，我的回答是‘真实、真情和真诚’。”

美国总统林肯也非常推崇真诚的品质。他认为：“如果你想赢得人心，首先要表现出你的真诚。”人与人之间，无论是上下级、同事、朋友还是客户之间，都应该真诚地沟通与交往。

情贵在真，充满感情、融入真情的语言最能打动人心。巧妙地运用充满真情的话语，可以形成良好的沟通氛围，促使沟通双方产生情感上的共鸣，促进双方的关系融洽。最能赢得人心的人，不见得是口若悬河的人，而是最善于表达自己真诚情感的人。真诚与人交往可以赢得广泛的人脉，为其事业的发展创造有利的条件。

欺骗只能维持一时，诚实才是长久之策。诚实就是真诚实在，不讲假话、不骗人。诚实就像树木的根，如果没有根，那么树木也就没有生命。诚实之于人，可以说是立身之本。在各种场合，我们都需要聪明，但绝不能缺少诚实。没有聪明，常常就难以想到好的计策；而没有诚实，往往就会失去人们的信任。诚实不是黄金，但它比黄金更可贵。有许多凭金钱得不到的东西，靠诚实却能轻而易举地得到它。一个人想做成一件事，如果没有更多的条件可以依靠，只要还有诚实，事情就有做成的可能。李嘉诚曾戏言自己不是“做生意的料”，因为他觉得自己不会骗人，不符合中国人无商不奸的标准，令人感叹的是，偏偏是他做成了全亚洲独一无二的大生意，这自然离不开他诚实无欺的品性。

身在职场，我们跟人交往时要以真诚相待。如果你想要靠虚假与欺骗来求得自己事业的发展，最终的结果只能是将自己的饭碗打翻。真诚是为人处世之根本，真诚做人才能够为自己建立良好的声誉，才能深得他人的信赖与支持，从而让自己在职场立足。

真诚待人，不但能赢得人缘和发展，而且往往是加倍的。真诚做人，在人生之路上会走得更远。

有信用就有威信，你说话就有人信

人无信不立，没有信用就没有立足之地。一个人如果不讲信用，那么就得不到他人的好感，只能得到人们的厌恶，而当其遭遇困境、需要他人救援时，人们也会采取冷漠态度。

在某公司做企划工作的黄格，最近对他的主管非常反感，就是源于对方的言行不一。几个月前，主管要他拟一份难度颇高的企划案，他答应下来，同时请求支持。对方拍着胸脯对他说："你放手干吧，万一有事，我会做你的后盾。"得此承诺后，他便全力以赴地进行工作。没想到企划案完成并在公司提出后，竟然遭到了许多人的反对。于是主管指责他说："都怪你，让我在众人面前丢脸！"黄格当时非常难堪。此时，他明白了主管以前所说的那些话，不过是为了笼络他罢了。于是，他对言行不一的主管产生了强烈的失望，从此提醒自己不做言行不一的人。

以上故事告诉我们守信、不骗人的重要性。一个人一旦失信于人，别人就再也不愿意和你交往了。言而无信的人迟早是要倒霉的，即使人家不报复和惩罚你，你的信誉和人缘也必然会损失殆尽，你的各种机会也就没有了。行骗最终是要付出代价的，如果我们轻诺寡信，必将落得一个可悲的下场。而诚信的人，也许并不需要具有多强的能力，却能得到很多人得不到的东西，从而为自己的成功奠定基础。

信用是一种无形资产，良好的信用可以给我们带来意想不到的好处。要知道，糟蹋自己的信用无异于在拿自己的人格作典当。有时候信用比一切都重要。

信守承诺，待人诚信，是影响他人、赢得信任的方法。只有遵守自己的承诺，才会赢得越来越多人的信任，从而带来越来越多的发展机会。

身在职场，我们要言而有信，为自己建立良好的信誉，有了良好的信誉才能深得他人的信赖与支持，从而让自己有所成就、有所发展。

守信是美德，也是处理好人际关系、树立自己威信的方针。守信是最宝贵的财富，在这方面进行投资的人，可以获得丰厚的回报。

身在职场，遇事一定要三思，切不可轻易地许诺。对于已经许诺的事，就应该认真地对待，努力地去实现它。为了真正做到言行一致、恪守承诺，我们可以从以下几个方面进行改进。

1.承诺前要深思熟虑

如果对于某事没把握一定能实现，那就不要承诺。有些人对任何事都以“没问题”“包在我身上”之类的话一口承诺。他们嘴上承诺，却又不尽力，或尽了全力也办不到。这是一种严重的对他人不负责的行为，最后也只能为人所轻蔑。

当他人让你做某事时，一定不要满口答应，至少要冷静一分钟，考虑一下这件事自己能不能办得到、办得好。这样做能显示出你的谨慎，对方也会因此对你更信任。

2.按时实现自己的承诺

作出承诺后，你要时时记住这个承诺，并在他人提醒你之前实现它。当他人提醒你时，就是他们看到了你想拖延、不履行承诺的一面。千万不要给别人留下这种印象，否则后患无穷。

3.学会处理意外情况

有些按照常规理应能够办到的事，后来因为客观条件发生了变化，无法办到了，这是常有的事。一旦得知自己无法实现承诺，就应该尽快坦诚地与对方重新进行商洽。坦诚说出你的苦衷后，对方一般都会原谅你。而你的坦诚会使他们相信，你是一个可以托付、可以信赖的人。

拥有品格者，最有“贵人运”

如果你想更好地与人相处，那么就要让自己成为一片“凹地”。凹地的特性是聚人气，聚人气的结果就是被人欣赏、处处风光。

在当今社会，能聚财聚势的关键因素是什么？答案是“品格”。美好的品格，是每个人的一块“凹地”。没有任何人可以在缺少它的情况下获得并保持成功。甚至可以这么说，无论一个人有多么过人的能力，如果他没有优秀的品格，就绝不可能吸引更多人聚集在自己周围。

品格是人生最重要的资本。分析许多成功人士走过的道路，我们会发觉，他们在年少时便养成了种种美德，从而为日后的大有作为打下了坚实的基础。林肯为什么能取得那么高的成就？因为他一生都保持着正直的品格。林肯做律师时，有人找他为一件诉讼中明显理亏的一方作辩护，林肯回答说：“我不能做。如果我这样做了，那么出庭陈词时，我内心将不知不觉地高喊：‘林肯，你是个说谎者，你是个说谎者。’”

人们追求成功的手段、方式各不相同。但无论如何，绝不能靠弄虚作假谋求名利，不能靠掺杂使假骗取钱财，不能靠连跑带送谋得官位，而必须靠高尚的品行立身做人。品格是人生中最重要的资本。人一旦有了品格，就能得到他人的认同；一旦丢弃了品格，那就等于丢弃了一切，即使这个人再有钱，也终将得不到他人的理解与尊重，更不可能实现自己对幸福和成功的愿望。

无论我们从事何种职业，我们不但要做出成绩，还要在做事的过程中培养自己高尚的品格。这样才能推动自己的职业生涯不断向前发展。格力集团的总经理董明珠，在做中层管理者时，由于能力突出，被另一家竞争对手看上，要出百万年薪把她挖走。在巨大的诱惑和对公司的忠诚两者之间，董明珠毅然选择了后者。在她身上所体现出来的是忠诚。董明珠后来能成为格力集团的董事长，能力固然很重要，但更源于她忠诚的品格。

华人首富李嘉诚总结自己的成功经验为一句话："良好的品德是成大事的根基，成大事的机遇是靠遇到贵人。"因此，一个成功者的奋斗史，就是一部修炼品格、寻找"贵人"、打动"贵人"、借助"贵人"的历史。

如果你本身天资过人、勤奋肯干，那你可以说，我不必依靠什么"贵人"，我要靠自己的实力来赢得成功，这当然再好不过。在成功的路上，虽然通过自己的不懈努力和不断总结，最终也能提高自己、有所发展，但难免会走许多弯路，多费许多功夫。如果在努力的同时，能够获得"贵人"的帮助、指点，那就可以让自己少走弯路、少走错路，从而加快自己发展的速度。

但要想得到贵人的重视不是那么容易的，首要条件在于自己究竟有没有吸引人的品格实力。良好的"伯乐与千里马"的关系，是建立在互相欣赏、互相帮助的基础上的。

世上的任何一种好运气，都不会无缘无故地降临。有些人之所以能受“贵人”的信任与赏识，在于他们身上有一些特质。他们的共同之处在于能力强，并且能瞅准机会适当地表现自己，能让人看到自己的独特之处，领略到自己与众不同的品质。

英国作家詹姆斯·爱伦说得好：“具有好的思想品质的人，往往能够收获令人羡慕的结果，坏的思想从来都不会产生好的结果，一切都是公平的。”拥有好的品格，比拥有金钱、权势更有价值，也是一个人成功最可靠的依托。最杰出的成功者，往往也是最有品格的，这其中的奥妙是不言自明的。

微笑是最美的语言，无声却能打动人

在人际交往中，微笑是最文明的礼仪，拥有巨大的魔力。微笑是人际关系中最佳的“催化剂”，不用任何语言，就能拉近人们之间的心理距离，甚至能让人因此赢得他人的支持，获得良好的收益。

微笑可以增强亲和力，解除对方的抗拒。微笑是社交场合中最富吸引力、最令人愉悦，也最有价值的面部表情。一个大公司的人事经理经常说：“一个拥有纯真笑容的小学毕业生，比一个脸孔冷漠的博士更有用。”微笑是一个人的基本素质，也是竞争过程中最有效的利器。

在沟通的时候要会微笑，面露平和欢愉的微笑是成功沟通的法宝。微笑如春风，使人感到温暖、亲切和愉快，它能给彼此的交谈带来融洽平和的气氛。美国著名人际关系大师卡耐基说：“做一个真诚微笑的人，微笑会让人觉得你非常友善，微笑会向他人传达你的心意：‘我喜欢你，我很高兴见到你。”如果想让别人喜欢你，那就请微笑待人。成功地运用微笑，你便会在商场上左右逢源、处事得心应手。

平坦是证券公司的成功一员，他说他曾经是个惹人讨厌的人，他那时整天板着脸，脸上没有丝毫笑容，不受人们的欢迎。

后来他受到了某种启发，决心要在脸上展现明媚的笑容。于是，在第二天早上，他对着镜子中愁眉苦脸的自己说：“从现在开始，你得微笑，立刻把脸上的愁容一扫而光。”于是，他转过身来，微笑着跟他的太太打招呼：“早安，亲爱的。”他的太太怔住了，惊诧不已。平坦说：“这没什么好奇怪的，从此之后我的微笑将成为寻常的事。”

之后两个月，平坦每天早上都对妻子、孩子微笑。结果怎么样呢？他改变了自己的生活，家里一片温馨祥和。

如今，平坦微笑面对所有人，对住宅区的警卫微笑、对地铁里的乘务员微笑。当他在交易所时，对所有在场的人微笑。

于是他发现每一个人都对他报以微笑。

他带着一种轻松愉悦的心情去同一些心理阴暗的人交谈，一面微笑、一面倾听。过去他很讨厌的人，突然变得可爱多了；过去很棘手的问题，现在很轻松就解决了。

毫无疑问，微笑给平坦带来了许多的好处和更多的收入。从此他快乐、富有、充实地生活着。

令人感到温暖而又愉快的笑容会带来明显的自我提升及收益。微笑可以使你随和，可以使人喜欢你。一个甜美的笑容、一句简短的问候，尽管都是最细微不过的表现，但日久天长，它们所带给你的回报会远远超出你的想象。

对职业人士来说，微笑是最基本的礼仪与素养。职业人士应该学会用微笑打开他人心扉。在人际沟通中，面带微笑等于告诉他人：你很受欢迎；表情冷漠等于告诉他人：你可别惹我。微笑的内涵是非常丰富的，微笑着接受批评，表示你承认错误且有心改正；微笑着接受荣誉，说明你充满喜悦但不骄傲自满。遇见领导，送出一个微笑，表达了你的尊敬但不谄媚；给客户一个微笑，表示你的友好和值得信赖。所以说，微笑是沟通中最好的通行证。微笑如同直通人心的世界语，它能深深地打动另一颗心灵，甚至能创造出奇迹。

微笑是人际交往中最有吸引力的表情，是人人都可以拥有的，只要你肯多加揣摩及练习，你也能够拥有动人的笑容。微笑一定要发自内心、亲切自然。这样的微笑才富有魅力，让人心情欢愉。运用好微笑，你便会在人际交往中左右逢源、大受欢迎。

第五章

吃透交际规则，在应酬场上左右逢源

进入社会后，自然免不了会有各种各样的交际，包括普通宴会、酒会及其他聚会等。应酬的学问和规则有很多，如果不懂其中的利害关系，就很容易被排斥在外。只有把握好这些“潜规则”，才能结交朋友、增进感情，在各种人际关系间左右逢源，成为受欢迎的人。

称呼恰如其分，可以让彼此的心更近

“新人一出口，便知有没有”，人在职场，你对他人的称呼，能体现出自身的礼貌和修养。

称呼得当，可以缩短彼此之间的距离、拉近双方之间的关系；冒冒失失、没大没小地称呼别人的人，是惹人讨厌、不受欢迎的。不少人在职场中都遭遇过“称呼的烦恼”，叫名字太鲁莽，叫哥哥姐姐又有些别扭，但是总叫“老师”又会觉得尴尬，毕竟不能把职场关系都等同于学校的师生关系，因此很多新人对此烦恼不已。

称呼的烦恼不仅新人有，老职员也经常遇到。徐先生在一家公司工作，一次，为了亲近领导，他称部门主管为“小孙”，结果惹得对方不悦。“哎，他也太小肚鸡肠了，连个称呼都这么计较。”老徐后来跟同事念叨起此事，同事点拨说：“这事还真是怪你，人家都是领导了，你还那么叫，不是存心让人难堪吗？”

刚参加工作的小楠嘴很甜，经常老师长、老师短地叫同事，没过多久就和大家处得很好。可她发现，每当她称呼老张

“张老师”时，对方就皱起眉不愿搭理她。经过侧面打听，她才明白，原来老张的学历、工资待遇都不如自己，听到小楠称呼他为老师，以为是在讽刺他，心里很憋屈。小楠觉得叫姓名不尊重，叫老师对方又不接受，她一时陷入了两难境地。

职场称呼作为一种相互之间交往的礼节，已越来越引起人们的关注。究竟以什么样的方式来称呼他人最合适呢？恰当的职场称呼也是个技术活儿，的确需要好好琢磨琢磨。

1.了解清楚再称呼

新人报到后，最好先问问同事或者留心听听别人怎么称呼他人，不要冒冒失失地按照自己的想法称呼对方。在同事向你作了自我介绍后，对于职位清楚的人，可以直接称呼他们“刘经理、王经理”等，对于其他同事，可以先一律称“老师”，一方面，这样比较符合自己的身份；另一方面，也有尊重对方并愿意向他学习的意思。如果实在弄不清楚该怎么称呼他人，你也可以客气地说：“对不起，我是新来的，我该怎么称呼您？”不知者不怪，一般对方会把别人对他的称呼告诉你。

等稍微熟悉之后，再按年龄区分和自己平级的同事，对于比自己大许多的人，可以继续称“老师”，或者跟随其他同事称呼。对于与自己年龄相差不远甚至同龄的同事，如果是关系很好，就可以直呼其名。需要注意的是，在称呼别人的时候，一定要面带微笑、语气温和，要表现得有礼貌。

2.私人关系不要带入工作

小洋从学校毕业后进入某单位工作。很快，他就发现公司的很多同事、领导都是他们大学毕业的，有的甚至是他的直系学长。有了这层认识，他开始主动上前与同事、领导套近乎：“学长，没想到我们是一个系毕业的”“师姐，当年在学校就久仰大名，现在终于一睹真容”……

然而，不久后小洋发现，他挺不招人待见，许多人跟别人经常有说有笑，他一走过去，他们立刻就不言语了。

“我究竟哪里做错了？”小洋百思不得其解，他向一位前辈请教，前辈指点说：“你的问题就在于没分清私人关系与工作关系。我们公司一向最忌讳拉帮结派，看你一个新人这么‘亲切’地称呼领导，不少人揣测你是不是有什么企图。私下越是有关联的人，在工作中就越要避嫌。主管这么对你，也许就是被你那句‘学长’叫怕了。”

在职场上，过分地表现亲昵不值得提倡。亲昵，可以用在下班后的非正式场合。

3.称呼他人应因地制宜

职场新人到底应该怎么称呼同事和领导？在此建议，应根据所在单位的性质，因地制宜地采用合适的称呼。

在注重团队合作的企业、学习型企业里，等级观念比较淡化，大家以行政职务相称的情况比一般企业要少，互称姓名的情况较多。如果用职务称呼人，反而会让人觉得和环境格格不入。而在等级观念较重的国内政府机关、企业单位，最好能以姓氏加级别来称呼同事及领导，如钱经理、李总等，能表示对对方的敬重。

在由学者创办的企业里，大家可根据创业者的习惯，彼此以“老师”称呼。这个称呼还适用于文化气氛浓厚的单位，如报社、电视台、文艺团体、文化馆等。

要做到称呼得体，还要分清场合。在办公室、会议室等正式工作场合，称呼要比较正式些；而在聚餐、晚会、活动等娱乐性的私下场合，称呼则可以随意一些，对于同事，女孩子可叫她的小名，如小丽、小燕等，对男性可称“老兄”“老弟”等。不过，使用昵称要注意把握分寸，不能不看对象地乱叫一气。

总之，你在称呼上得体，就是在别人面前尊重对方。这样的人，容易赢得他人的好感与信任。

摸清自我介绍的窍门，开启关系之门

在许多交际场合，为了让人对你产生深刻的印象，需要主动地介绍自己，这就是自我介绍。

自我介绍是进行人际交往的第一关。恰当的自我介绍有助于对自己进行必要的展示和宣传，提升人气，因此要学会有技巧地介绍自己。

自我介绍时，应先向对方点头致意，而后再向对方报出自己的姓名、身份、单位及有关情况。此时要面带微笑、热情友好、举止大方，切忌慌慌张张、不知所措或满不在乎。语气要自然，语速要正常，语音要清晰。

富有特色、生动形象的自我介绍能够强化别人对你的印象，让人过耳不忘。你可以设计一套生动活泼的说辞，再平凡的经历，都可以化腐朽为神奇。例如，你姓何，说“人可何”太简单俗气，不如说“天涯何处无芳草”的“何”，既诙谐又生动有情。此外，如故乡的介绍、年龄的介绍等都应发挥出特色，生在苏州的，可说“我的故乡是有人间天堂之称的苏州”；年龄30岁的，可说“已届而立之年”，如果只粗略交代、平淡无奇，实在很难给人留下深刻的印象。

在进行自我介绍时，每个人都要想方设法把自己的能力和才干表现出来，让对方多了解自己，有时稍稍抬高自己也是必要的。但如果一味地平铺直叙，大讲特讲自己比他人如何如何好，恐怕会给对方自吹自擂的印象，因此，在说出自己的能力后应作些补充说明。例如，当你说了“朋友们都说我是个很好的人”之后，还要再举例说明，用证据来支持你的陈述。

自我介绍时措辞要适度，既不要过分炫耀，也不要过分贬低。有人喜欢作自我贬低式的介绍，以示谦虚和恭敬，其实大可不必。在通常情况下，对方或许觉得你是老生常谈、言不由衷；或许真的认为你不屑一谈，那就弄巧成拙了。当然，也要避免一开始就炫耀自己博学多才，显得自我吹嘘，令人生畏；或使对方觉得你夸夸其谈、华而不实。只有实事求是、恰如其分地介绍自己，才能给人以诚恳、坦率、可以信赖的印象。

作自我介绍时，内容应繁简适度。一般以半分钟为宜，情况特殊也不宜超过3分钟。说话简明扼要，才能给人留下思路清晰、精明能干的印象。

明华去某公司应聘，在面试时，老总问他对自己的认识，他回答："我相信我自己。"当老总问他对公司的印象时，他回答："我以前听说贵公司能让人发挥才能，现在感受到贵公司能让人发挥才能。"明华很顺利地就成了这家公司的职员。所以，在他人面前要尽量用最简短的语言，传达尽可能多的信息量，无论是自我介绍还是回答问题，都要做到言简意赅、举例精要，切忌絮絮叨叨、繁复冗长，或口若悬河，却离题万里。

作自我介绍要选准时机。当你与陌生人初次见面时，如果对方正与他人交谈，则不宜作自我介绍；而对方一人独处，或神色愉悦时，进行自我介绍则会产生良好的效果。为了节省时间，作自我介绍时，还可利用名片等加以辅助。

社交场合中，人们互不相识，介绍常常是通过第三者进行的。每个人都有可能充当为他人介绍的角色。因此，有关介绍他人的礼节，我们也必须熟练掌握。

1.介绍他人的顺序

在介绍一男一女认识时，要把男士介绍给女士，女士的名字应先提，然后再提男士的名字。如“李小姐，我来为你介绍一位朋友，这是赵先生”。有时也有例外。如果你要介绍一男一女认识，而男方的年纪比女方大很多，则应该将女方先介绍给这位男士，以示尊敬长者之意。如“张先生，让我介绍我的外甥女给你认识”。在介绍中，应注意的是，有时虽然男士年龄较大，但仍然是先将男士介绍给女士。

先将年轻者介绍给年长者。把年轻者引见给年长者，以示对前辈、长者的尊敬。例如，“许伯伯，我请您认识一下我的朋友周廷民。”

先将职位低的介绍给职位高的。介绍职位有高低差别的两个人认识时，应先介绍职位低者，再介绍职位高者。例如，“王总，这位是××公司的总经理助理刘女士。”注意，这里我们先提到的是王总经理，这是因为我们把王总经理的职位看作高于刘女士，尽管王总经理是一位男士，仍不先介绍他。

若职位高低与年龄、性别有冲突情况时，那么介绍规则仍应以职位为优先。即使职位低者为女性或年龄较长，也应成为先被介绍的一方。

先将未婚女子介绍给已婚女子。例如，“刘太太，让我来介绍一下，这位是李小姐。”注意，当无法辨别被介绍者是已婚还是未婚时，则不存在先介绍谁的问题，可随意介绍，如“张女士，我可以把我的女朋友杨小姐介绍给您吗？”

先把客人介绍给主人。介绍来宾与主人认识时，先把客人介绍给主人，把晚到者介绍给早到者。

集体介绍可按次序进行。如果是业务介绍，则必须先提到组织名称、个人职衔等。集体介绍可以按照座位次序或职务次序进行。

2.介绍的内容

在给他人作介绍时，首先要实事求是、简明扼要地介绍双方各自的情况，如姓名全称、职位、与自己的关系以及认识对方的目的等，令双方知道如何称呼彼此、明白双方交流的意义。

介绍两个素昧平生的人互相认识，不要只是寥寥数语道出两个人的姓名便算完成，而应该尽量让他们多知道一些对方的事。一来使气氛轻松，二来亦可为他们之间的交谈先铺一条道路。如“小炎，这位是张杰。我知道你正好要找摄影师学习摄影技巧，而张杰正是高手，他是很乐意帮助别人的”。或是：“晓海，杨平上星期刚从海南度假回来，你以前不是也去过吗？”如此介绍起了穿针引线的作用，便可以“功成身退”，让他们自己谈话了。

嘘寒问暖不是浪费，而是交往的台阶

寒暄，也就是与人见面时打招呼，以示礼貌和友好。寒暄能在两个陌生人之间架起一座友谊的桥梁，使不相识的人相互认识，使不熟悉的人相互熟悉，使沉闷的气氛变得活跃。因此，寒暄是人际交往中必不可少的一部分。

和对方见面后，在正式交谈开始之前，最好作一些一般性的寒暄，例如，“天气似乎热了点。”“好久不见，最近还好吗？”或者“最近忙些什么呢”等。虽然这些寒暄语对于所要沟通的内容并没有什么实质上的意义，但是这样的话语能让交谈的双方都感到放松、自然，如此，谈话才有了继续的可能。正是这些话体现出了你对对方的关心与尊重，也使初次见面者免于尴尬的沉默。

寒暄时抓住双方的共同点，并以此为契机进行发挥性问候，这样可以达到与对方迅速接近的目的。与他人接触时，只要留心，就不难发现彼此之间存在这样或那样的共同点，像“同乡”“毕业于同一学校”“出生于相同的城市”等，都是与他人攀认的契机，借此可与对方“沾亲带故”。例如，初次见面，可同对方说“我同您是校友”“我是你亲属的朋友”，短短一句话，就缩短了与他人之间的距离。

寒暄能冲破人的心理防线。如果你在寒暄中，能有意、无意地插入一些对方感兴趣的话题，并由此展开交谈，那么会取得出人意料的结果。如果寒暄运用得巧妙得当，语气轻松柔和、充满感情，听者就会为你所打动，双方会因此打成一片，你再提出什么请求也不难。

与人见面，恰当的寒暄能够使对方产生一种认同感，有效地缩短双方的心理距离，从而在融洽的气氛中顺利地沟通。日本推销之神原一平说："寒暄是建立交往沟通的基石，也是向对方表示关怀的一种行为。寒暄内容和方法得当与否，往往关系到沟通的成败，所以要特别重视。"寒暄的好与坏，将直接影响到你是受欢迎，还是受拒绝，千万不可忽视寒暄。

在温馨的气氛营造成功之后，要及时引入正题，切不可过分寒暄。否则对方会认为你过分热情，可能是不怀好意，因而对你加以提防，那样就可能功亏一篑。

寒暄并没有固定的模式，一般来说须注意以下几点。

1.要保持愉快的情绪

在与人寒暄的瞬间，要迅速调整自己的情绪，要使对方感觉到你的问候是发自内心的。要使对方受人尊重的心理需要得到完全满足，另外，交谈时语调要和缓，声音要洪亮，脸上要带着微笑。

2.要选择恰当的时机

寒暄时要选择一个恰当的时机。先要注意分析一下对方当时的心情，然后再决定打招呼的方式和表情。例如，你从对方的表情判断，他正在经历不愉快的事，此时打招呼，声音不要太大，语言也不要太热情，要适度，或用询问式的语言，同时用安慰的语气来打招呼。如果对方脸上喜气洋洋，你便可热情地打招呼，使对方感觉到温暖，进而展开话题。

3.要注意内容的恰当

与人交往的最初，最好作一般性的寒暄，如问候、谈论一些无关紧要的话题等。寒暄内容可随机应变、灵活掌握。与人初次交谈，如果总离不开籍贯、住址、身世等，会让人觉得你在查户口，而且容易出现冷场的现象。因此要善于睹物生情，看到什么谈什么，这样既显灵活又可增进友谊。

寒暄言语的长短、内容的繁简、往复的次数多少要与交谈双方关系的亲密程度成正比。

寒暄要发自内心，热情诚恳；寒暄要恰到好处，自然贴切；寒暄还要简洁有力。男士和女士打招呼，语言可热情一些，但要适度，不能过分开玩笑，以免对方觉得你太轻薄。应避免谈论使对方感到尴尬、触及对方隐痛，以及易于引起争议的话题，但是也不可漫无边际。

总之，寒暄要适度，既要热情亲切，又要温和有礼。这样才能使人乐于接受你，从而产生与你交往的愿望。

“场面话”有点虚，但是让人听着顺耳

应酬的学问和技巧有很多，其中“场面话”必不可少。

什么是“场面话”？简而言之，就是让在场的其他人听了感到高兴的话。这种话不一定是你的心里话，也不一定合乎事实，但说出来，就算对方明知你“言不由衷”，也会感到高兴。说起来，讲“场面话”似乎显得有点虚伪，因此，不少人对之很不屑，也很不屑于对别人说场面话，这样，就容易伤了别人的颜面，受到他人的冷落。不管你对场面话怎么看，你都应该明白：温情总比刻薄好，场面话必不可少。场面话虽然有点虚伪，但是让人听着顺耳，即使别人知道你并非诚心，也会觉得你有人情味。当你邀请人有空儿去家里坐坐时，对方会觉得你热情好客；当你留别人吃饭时，对方会觉得你会来事儿。这总比连一句挽留的话都不说，给人冷冰冰的态度要好得多。

会说场面话，是懂得人情世故的表现，同时，它也是一种自我提升的手段。这要求你要能先看清所在的环境，再选择说什么话，这样你才能成为一个受人欢迎的说话高手。

新年那天，椰子参加了一个聚会。在聚会中，虽然许多人她都不认识，但是她依然像见到老朋友一样热情。只见她端着酒杯，走向一位陌生的男生：“帅哥，最近忙什么呢？好久没见到你了。”对方听了这话笑了，很开心地和她聊了起来。

一番攀谈之后，他们交换了名片。接下来，她又转向一位美女，热情地说：“嗨，美女，你的皮肤可真好啊，怎么保养的呢？”就这样，她轻松取得了美女的好感。

临分别的时候，椰子不忘和众人一一告别，还说：“过段时间我约你们出来吃饭啊！”“等你们不忙的时候，一起去旅游吧！”言谈之间，显得和他们非常亲近，也让对方感受到了她的真诚与热情。其实，椰子说的那些话，不过是一些场面话，为的就是给人留下好印象，拉近彼此之间的关系，至于究竟有几分真心在里面，这个谁也不知道，也没必要追究。然而，场面话是通晓人情世故的表现，也是融洽人际关系的手段，这是毋庸置疑的。

善于应酬的人，也就是公认的社交高手，总能漂亮地讲好“场面话”，从而掌握让他人愉悦的遥控器。这样的人，肯定会大受欢迎。

说好“场面话”，对人际关系的帮助很大。那么该怎样说好“场面话”呢？

1.说好当面称赞人的话

我们不妨随时将赞许的表情挂在脸上，多给别人“捧场”。“场面话”就是感谢加称赞。去别人家做客，要谢谢主人的邀请，盛赞菜肴的精美丰盛可口，并称赞主人的室内布置、小孩的乖巧聪明等。参加酒会，要称赞酒会的成功，和你如何有“宾至如归”的感受；参加会议，要称赞会议准备得周详等；参加婚礼，除了菜色之外，一定要记得称赞新郎新娘“郎才女貌”。这种场面话所说的有的是实情，有的则与事实有相当的差距，但只要不太离谱，听的人十之八九都感到高兴。例如，参加一个朋友的宴会，你可以夸奖忙得不亦乐乎的主妇：“你的菜炒得真好吃，你看这么一大桌子菜，我们几个人不一会儿就吃光了。”那位主妇听了此话会非常欣慰，所有的疲劳也会一扫而光，下次再请你时会表现得更加出色。

2.说好当面答应人的话

当面答应人的话包括“我会全力帮忙”“有什么问题尽管来找我”等。这种话有时是不说不行，因为有碍于人情，当面拒绝场面会很难堪，而且会马上得罪人。对方若缠着不肯走，那更是麻烦，所以不妨用“场面话”稳住局面，之后能帮忙就帮忙，帮不上忙或不愿意帮忙再另找理由，总之，这时的“场面话”有缓和局面的作用。

3.说“场面话”要分清场合

人生需要善言，因此在公众场合，要时刻注意自己的言行，切忌有口无心。例如，有人在老年人寿宴上对着主人大谈人寿保险的好处；对着孕妇说这年头养孩子没好处；对新郎新娘说菜可好吃了，下回别忘了请我。这样的人经常会在不知不觉中伤了人，而自己却谈兴正浓。这完全是缺少场合意识的结果。

说话必须要讲究场合，要说一些适宜场合气氛情境的话。这就需要我们对一些场合有正确的认识。

在正式场合说话应严肃认真，事先要有所准备，不能肆意胡说；在非正式场合说话，则可以随便一些，像聊家常一样，这样有利于促进感情交流。

在亲戚朋友等关系比较近的人面前，即使说了些出格的话，也都能互相包涵。而在外人面前，则应小心提防。遵循内外有别、有界限地说话，是恰当得体的，超出这一界限，便会被认为是“乱放炮”。

“场面话”切忌讲得太多，点到为止最好，太多了就显得虚伪而且令人觉得肉麻，这样就招人反感了。

总而言之，说“场面话”也是一种生存智慧。这不是罪恶，也不是欺骗，而是一种“必要”。如果你能讲好“场面话”，你就会成为交际大赢家。

第六章

精明不可露骨，“笨”一点更易俘获人心

生活中，人们往往不喜欢那些看起来比自己精明伶俐的人，因此许多时候得收敛锋芒，装得迟钝一点，随和一点，糊涂一点。这不是教你变傻，也不是教你学呆，而是教你把握好藏与露、高与低的分寸，用几分憨厚来掩饰做人的精明，这样反倒容易获得人们的支持与认可，同时也能使场面更圆满。

与人相处要有锋芒，但不可过分张扬

在当今社会，张扬仿佛已经成为一种时尚，人们做什么事情似乎都希望引人注目、受人关注。做人需要有锋芒，时不时地显露一下无妨。一个人若无丝毫锋芒，给人的感觉就像是软绵绵的豆腐，根本提溜不起来，在社会上是行不通也站不住的。锋芒在适当的场合显露一下既有必要，也是应当。然而物极必反，如若过分张扬及表现，就会给自己增添重重阻力，甚至导致失败。

锋芒过盛并不是什么好现象，就如同把自己暴露在炮火纷飞的壕沟外，容易招来明攻和暗算。所以，我们要懂得隐藏自己，不要恃才傲物、咄咄逼人，否则只会弄巧成拙，甚至招灾惹祸。

三国晚期诸葛亮的侄子诸葛恪，在很小的时候就展现出非凡才华，甚至超过了其父诸葛瑾。但是，诸葛瑾并不为这一切感到高兴，反而有一种隐隐的不安与担忧。原因何在？诸葛瑾认为他太爱表现自己了，锋芒过于外露，终将引来祸端。果不出其所料，诸葛恪长大掌权后，目中无人、独断专行、锋芒毕露，最终引起众怒，被大臣设计害死，牵连家族也遭到了诛灭。

历史上，才华出众却被排挤、打击的人随处可见。这类人自视颇高、锋芒毕露，时时咄咄逼人、处处不留余地，结果在人生的旅途上屡屡碰壁，最终害了自己。

才华是生存及发展的基础，有才华的人能得到较多的关注。但是如若有才华者过于炫耀自我，压制了他人的表现空间、损害了他人的利益，就必然会招致众人的一致攻击。身在职场，当你在工作中取得一些或大或小的成绩时，或许总禁不住在人前卖弄一番，以显示自己的才华与能力的非凡，这会令他人有相形见绌的感觉，对你的嫉恨就此产生。所以，我们没必要过于张扬自己，否则只会影响自己事业的发展，甚至会带来不必要的伤害。

经过一番艰难的求职，唐元应聘到某公司的行政部门做助理。他自我感觉非常好：自己学历高，沟通和工作能力都很强。

他每天工作起来风风火火，工作完成得也很出色，有时对领导的决策也会提出自己的看法，他还特别喜欢对外联络工作，对内对外都混得很熟，可以说是在方方面面都很抢眼。

一次，行政总监召开部门会议，会议上当他提到企业年终大会活动的策划要点时，还没等他继续往下说，唐元就忍不住把自己的想法和盘托出，并说，这些想法已经和人事部门的负责人作了交流……

还有一次，唐元了解到某部门对行政管理条例发布后的反馈信息时，主管恰好不在，他就径直把意见告诉给行政总监，然后由行政总监传达给主管。主管接到总监的信息后，非常恼火，责怪唐元没有及时将信息传达给他，唐元又借机反驳了一番。

几个月后，上级宣布了人事任命，唐元没被留下。他听了这个消息感到非常惊愕，想不通自己怎么会被炒了。

初入职场，在新人看来，尽力展现自己的优秀是理所应当的。于是他们经常夸夸其谈、毫无节制，一副“舍我其谁”的劲头。但是这种锋芒毕露的表现，很可能会让老板觉得你太傲慢、肤浅，不太值得重用。

每个企业都需要能力出众的明星员工，但它们绝不会接纳以明星自居、摆明星谱的人。在老板的眼中，团队的整体利益第一，他不可能为了少数一两个人而损害整个团队。即使是业绩再出类拔萃的个人，如果处理不好和团队的关系，在团队中过于出风头，老板也只好“挥泪斩马谡”，好对团队有个交代。急于表现自己，过于出风头，也许可以争取到短期的利益，但是从长期来看，实在是不明智的举动。

身处职场，即使你再有能力，也许你的同仁也不会真心地夸赞你。为什么呢？理由很简单，单位不同于学校，你的过分张扬容易干涉到别人的利益，你有能力，你表现突出，你的同事就势必会显得没有能力，那么他的待遇等都会因为你的表现受到影响。所以，刻意或者是无心地炫耀必然会招致旁人的嫉恨。

过多地表现自我，也会形成某些潜在的危险。过早地张扬自己的实力，同时也会暴露出自己的缺陷，如若被人抓住并攻击，就会在竞争中处于被动境地，被早早地淘汰出局。

一个人如若总是喜欢张扬，喜欢表现自己的优秀，那么他必然会遭受很多的挫折，这是做人不成熟的结果。为了避免悲剧的发生，人应当适当隐藏自己的锋芒，以避开一些明枪暗箭。

所谓的“才华须隐”，既是出于现实考虑，也是一种自我保护之策。在名誉、利益面前，尽量不要表现得过于热衷，以避免成为众人嫉妒、排挤的对象。即使有所追求，也应该在表面上含而不露。

藏而不露，并非总不露。你一直不露锋芒，可能总得不到赏识及重用；你锋芒太露却又易招人陷害，为自己埋下危机的种子。所以，才华显露要相时而动、适可而止。有人问，初次和同事喝酒，该展示自己的真实酒量还是有所保留？工作能力又该如何展露？回答是先观察，然后再决定怎么办。最傻的是还没有摸清情况，就开始随意地高调。当你刚刚进入职场后，要做的是放低姿态，多看、多听、多学习，先融入周围的人和环境里，不要处处显示自己。《易经》上说：“君子藏器于身，待时而动。”把握准藏与露的时机，最后才能露出真正的锋芒。

当你的实力还无法压过众人时，不如收敛锋芒，扎扎实实地修炼自己。当你的实力超强，别人都已无法盖过你的光芒时，那还等什么？是实力超强的人就锋芒毕露啊！历史上的毛遂自荐，就是锋芒毕露。事实上，锋芒毕露的时候，也就是你成功的时候。等到必要时刻，显示一下自己的能力，这样会令人高看一眼，认为你可真“不简单”。在关键时刻能够“宝剑出鞘”，才是最让人佩服和认可的。

你可以锋芒毕露，也可以潜力暗蓄，只有在实践中慢慢体验，才能真正掌握其中的奥妙。

懂得“低头”，更容易让人接受你

生活中，不管你是什么人，处在什么位置，都要懂得低调做人，在生活中保持低姿态。即使你认为自己才华满腹，也要学会低头。一个人越懂得低头，就越能拉近与他人之间的距离，而且更易于彼此间的沟通与交流，也更容易让对方从心理上接受你。

民间有句谚语：“低头的是稻穗，昂头的是稗子。”越成熟越饱满的稻穗，头垂得越低。只有那些稗子才会显摆招摇，始终把头抬得老高。越是真正有内涵和能力的人，越是低调、沉着。纵观古今，那些有所作为者，他们所信奉坚持的往往是一种低调的处世原则。

低调既是一种姿态，也是一种修养、一种胸襟。低调的人能用平和的心态来看待世间的一切，能够冷静务实，更容易被人接受。低调是成就大事必备的品格。

具有这种品格的人，对待他人谦恭有礼、平和亲切，善于询问与倾听，对待自己有自知之明，在成绩面前不自傲；在缺点和错误面前不掩饰，能主动采取措施进行改正。低调做人的智者懂得低头，该低头时就低头，从而巧妙地穿过人生的荆棘，到达目的地。

不论你的资历、能力有多出众，业绩有多非凡，都要在人生舞台上低调、在生活中保持低姿态。自认才华满腹的人，往往看不到别人的优秀；处处张扬的人，见识终归有限；只有敢于低头并不断否定自己的人，才能够不断吸取教训，让自己不断地成长。

越是有成就、有内涵的人，态度越谦虚，相反，只有那些浅薄的、自以为无所不知的人才会自视甚高。要想改变自己的未来就要放低姿态。一个谦逊的人会赢得成功，一个放低姿态的人会不断进步。

人的知识和本领都是非常有限的，要知道“天外有天，人外有人”，进取是无止境的。所以，一个人无论多么有才华、多么有成就，也应把自己的姿态放低，多向别人学习。聪明人懂得调整心态，正视自己与他人，保持低调谦逊的姿态。只有这样，才能博采众长，快速成长，不断超越自我。

人世繁杂，为了成就自我、不招灾祸，就要尽量低调些。在高度竞争的社会中，这样做似乎显得平庸怯懦，实际上却是一种极佳的处世方略。放低姿态，不仅可以让人与他人和谐相处，也可以让人实力暗蓄，不显不露地成就一番事业。

装得弱一些，熄灭他人的嫉妒之火

“同事就是同时争抢一件东西的一群人”，职场中这句话颇流行。从道理上来说，职场利益总共只有那么多，你多得他人就会少得，你非常优秀就等于否定了他人的能力、抢夺了他人的利益，他们自然会对你百般嫉恨甚至阻挠了。

其实，仔细想一下，任何一种行为，都有一种心态在背后支撑。一个人在生存竞争中处于劣势，他必定会对处于优势的人产生嫉妒心，甚至报复心。但如果正在得意的你能够放低自己的优势，放弃些应得的利益，是不是会减轻他人的嫉妒？遭人嫉恨当然很烦恼，虽然你不一定能在短时间内将其完全消除，但你可以设法将其降低到某一均衡点上，这样至少能保证你安心工作。偶尔适当示弱一下，往往会收到好的效果。

人际交往中，人都习惯在他人前展示自己美好的一面，本能地想掩饰自己不好的一面，可是适当地在人前呈现自己的“弱”，是一种坦诚与接纳的态度，会让人产生想接近的感觉，彼此的心理距离可以很快拉近。

古铜大学毕业后，在应聘某工作时向用人单位这样说：“我平时喜欢参与体育活动，所以我的成绩并不怎么好……”结果，有些成绩比他好的学生没被录用，而他却被录用了。有的学生在介绍自己时，总是一味地强调自己的优点，怎么怎么能干，而对自己的弱点却只字不提。古铜却能坦率地承认自己的成绩“并不怎么好”，这就给对方留下了真诚、可信的印象。而他说自己“平时喜欢体育”，实际上是向对方暗示他的身体素质不会差。当然，他可能还有其他一些长处被用人单位看中。总之，他的这种示弱式自荐为他的成功奠定了良好的基础。

在向他人介绍自己时，把自己说得过于强大，反而会引起对方的怀疑。倒不如坦率地承认自己的弱点，这样对方反倒会觉得你真实可信，也更加容易被打动。

一次，韩延因为成绩突出而获得优秀员工奖，在全公司的表彰大会上大出风头，引起了众人的关注。原本这个奖极可能是刘阳的，可他竟然意外落了选，自然情绪有些低落。散会后，刘阳不无妒意地握着韩延的手笑着说：“祝贺你呀，感觉不错吧？”韩延很机敏地回答说：“我还是头一次见这么大的场面，面对那么多的领导，说实话，我还真有些紧张，生怕什么地方说错了。我要能像你那样就好了，上次在台上那么镇定自若，你有什么秘诀呀？”刘阳听后不禁暗自发笑，真是没上过台面，上台讲几句话还这么紧张。这样一来，他心中的那种隐隐的嫉妒感明显淡化了许多。

韩延的做法可谓聪明，他抓住了刘阳的心理，只几句话就满足了对方的优越感，化解了对方的嫉妒心理。

示弱是在感情上体贴他人、熄灭他人的嫉妒之火的一种有效手段，它能令嫉妒你的人得到安慰、心理上得到平衡，减少或抵消你前进路上可能产生的消极因素。

事业上的强者都懂得示弱。某管理学院的系领导张铮就是深谙此道的智者。他初任系主任的时候，由于学历很高、工作能力也很强，以致引起一位工作多年却没有进展的老同事的强烈嫉妒。这位同事经常和他过不去，故意找碴儿，但他没有以牙还牙，而是采取了“示弱”的办法。他有意接近这位同事，和他耐心交谈，承认自己的弱点和不足，他诚恳地说：“我不管是在教学上，还是管理上，都非常缺乏经验，能力也有限，希望您多多帮助指教。”他高抬对方、贬低自己，故意示弱，收到了不错的效果，那位老同事后来不仅不再为难他，反而成了他的得力助手。对嫉恨自己的人，不但不能以牙还牙，相反要适当示弱，这是化解嫉妒的一个妙招。

在事业和竞争中，当然需要强攻。但在特定情况下故意示弱，则是一种以退为进的策略，示弱不是软弱，而是一种提升自己的有效策略。有技巧地示弱确实是对我们大有帮助的。

要使示弱产生良好的效果，必须讲究一些技巧。在学历不高的人面前，不妨展示自己能力有限、有过种种难堪的经历等，表明自己实在是个普通人。对眼下经济状况不好的人，可以适当诉说自己的苦衷：诸如身体不太好、子女难教育以及工作中诸多的困难等。自己如果专业出色，最好对人说自己生活经验欠缺，甚至如何闹过笑话、受过窘迫等。当你处于优势时，如果注意突出自己的劣势，就会令对方产生一种“哦，他也和我一样”的心理平衡感，从而减轻甚至消除对方对你的嫉妒。

示弱可以是私下里推心置腹的交谈，可以是交际场合幽默的自嘲，也可以是在公众面前的对人推崇。在你混得不差的情况下，有意将自身的光芒弱化，留点尊严给别人，这样你得到的不仅是他人的好感与认同，还有利于自己的成长与进步。

其实我们每个人都有自己的优点与长处，也有自己的劣势与弱项。显示自己不如人的地方，正是为了巩固自己的优势——在一种不被他人嫉妒的情况下巩固优势。

适时暴露“缺点”，会使他人乐于接纳你

俗话说：金无足赤，人无完人。在人际交往中表现得过于完美的人，反而会引起他人的猜疑。倒不如适当地暴露些缺点，让对方更加全面地了解自己，这样他人反而会觉得你更加真实可信。

按说，人越成熟，越显得完美，这是一件好事情。成熟的人看上去稳重沉着，容易给人一种完美无缺的感觉。但是，一个人如果过于成熟、毫无缺点，容易遭人嫉恨，会被人敬而远之。

从心理学上来说，对这种现象的解释是：通常情况下，人们喜欢成熟的人，但是，什么事情都有一个限度，如果一个人过于成熟，到了完美无缺的地步，强大到足以使对方感到卑微、无能，事情就会向相反的方向发展。人们一般不会喜欢一个令自己相形见绌的人，因为这总能反衬出自己的无能和低劣。相反，一个会犯点小错误的能力出众者则减轻了这种压力、缩小了双方的心理距离，因而能赢得更多人的喜爱。

这就不难理解为什么在朋友圈中，最有才华者往往不是最受欢迎的人了。也就是说，我们喜欢有才华的人是有限度的。当一个人的才华让我们感到遥不可及时，这种差距就会变成一种心理压力，促使我们对其敬而远之。而当一个优秀的人偶尔

暴露缺点的时候，他的吸引力会增强，因为这使他更接近于普通人，与我们的距离拉近了。比起最优秀的人，比较优秀的人让我们无须仰头踮脚就能看清楚，不仅省了力气，也满足了某种微妙心理。举个例子，单位组织内，第一的业绩固然让人赞赏，但也最容易被人挑刺；而第二名就不一样，尽管也出色，但不招人嫉恨，因为大家的普遍心理是，比自己只优秀一点是可以接受的，所以第二名往往是有誉无毁、收获多多。

这提示我们，如果你是一个各方面都比较出色的人，请不要过于表现自己，处处凌驾于他人之上，恰当适度地暴露一点“瑕疵”，反而会赢得更多人的亲近和喜欢。

善于处世的人，往往会巧妙地在他人面前暴露缺点，出点小洋相。这能让人觉得，他们并不是高高在上、十全十美的人，他们一样也会犯错、会犯点小迷糊。这能使人对你放松警惕，产生亲近感，会使原有的那种紧张化为乌有，并使对方产生“接纳”的心理，从而不以你为敌。

人际交往中，适当的自我暴露是非常必要的，你不妨适时把自己私人的方面显示给他人，让别人最大限度地了解自己。自我暴露会让人更加喜欢你，不善于暴露弱点的人必然会遭遇各种各样的障碍。

在职场，一定要有缺点，这样会使他人更愿意接近你。所以你不妨故意暴露些缺点，让人觉得有亲切感，这样别人反而会愿意和你进一步交往。但缺点绝不可致命，不能是你真正的短处，只可以是无关痛痒的小缺点、小毛病，用来和人联络感情可以，若别人想以此要挟你，则绝对不可能。

第七章

人前人后要“会来事儿”，让自己大受欢迎

“会来事儿”就是会说话，会察言观色，会和别人套近乎、增进情谊。“会来事儿”是一种圆融，说什么话、做什么事都非常得体到位，这样的人容易得到人们的认可和好评。怎么才能“会来事儿”？那就是说话做事前先动动脑子，多观察、多琢磨，然后尝试着去做，慢慢地就会熟能生巧。

满足他人的“需求点”，实现自己的心愿

生活中，每个人都有各种各样的需要。需要是人产生积极行为的动力源。因此，想要他人为你做些什么，就应该先深入了解，弄清楚对方最需要什么，然后用一定的形式去满足他，形式是不固定的，可以灵活多样。

从精神需要讲，人都喜欢听好话、受赞美。所以我们不妨用恳切的语言，热情地赞美对方。这样能迅速博得对方的好感，让人觉得你既有涵养又友善，从而使对方乐于同你深入交往或满足你的心愿。在许多场合，适时得当的赞美常常会发挥它的神奇功效。

喜欢听好话、受赞美是人的天性之一。事实上，没有人会对他人给予的赞美无动于衷。当我们听到别人对自己的赞赏时，不免会对说话者产生亲切感，从而使彼此之间的心理距离缩短、使彼此之间的关系融洽。

赞美别人最关键的是要恰到好处，掌握最适宜的尺度。抓住闪光点进行赞美，这是顺情赞美的路径，更是真诚赞美的关键。只有经过“慧眼识珠”，找出他人身上与众不同的闪光

点，大加赞赏，才能获得对方的欢心。

例如，一位外貌非常漂亮的女士，自然常以外貌为傲。我们想要赞美对方年轻美丽时，通常会说：“您真漂亮……”这未免显得俗气了些。如果你换一种说法：“我听说有‘画中仙’之说，原本还以为是夸张呢，今天可算是见识到了。”这样表达，更显得新颖、动听。当然，在夸赞之前，最好作一番铺垫，否则容易显得唐突。

另外，要抓住细节进行赞美。交往中应从具体的事件入手，善于发现对方最微小的长处，并不失时机地予以赞美。赞美用语要翔实具体，这说明你对对方了解，对他的长处或优点极其看重。让对方感到你的真挚和可信，你们之间的心理距离就会越来越近。如果你只是大而化之地赞美别人，说一些“你可真棒”“你能力非常强”等，显得有点儿虚空，不太容易让人有满足感。

想要赞美，就必须找准对方的可赞之处，然后有技巧地进行赞美。只要用心，这些我们都能够掌握。

要想打动别人，就要懂得运用不同的方法去观察、研究，找到对方的需要，然后尽力满足他们。在满足他人的需要时，应将物质与精神有机结合，必须在形式上丰富多样，这样才能保证效果最大化。

想真正了解对方是什么类型的人，需要从细节处入手。例如，在交际场合，我们可以发现有些人穿着华丽服饰，这种人大体上有强烈的自我表现欲。所以，当你与这类人交往时，你就应将自己放低，满足其膨胀的表现欲。这样对方不仅不会与你为敌，反而会轻易地答应你所提出的条件。

在与人交往时，要根据对方的类型选择不同的策略应对。把握并满足他人内心深处真正的需要，就能达到让对方帮自己的目的。

“巧妙请教”，进言献计的高招

人际交往中，不论你有多么聪明能干，说话时都不要横冲直撞，不要让人觉得有什么威胁。得到他人帮助最简单有效的方法，就是以低姿态向对方请教某事。

在职场上，经常要和领导、客户等打交道，此时，在自我表现上，要拿捏好分寸，既不要处处摆高姿态、表现得咄咄逼人，也不要俯首帖耳、低三下四。前者会让人在心理上有压迫感，这样他人容易给你难堪，那么你的工作就难以进展；而后者又显得没有人格，会让对方瞧不起。恰当的做法是，以请教的方式表现得谦虚、平和，使对方感到自己受人尊重、高人一等。实际上，你谦虚能凸显对方的强大；你平和会让对方觉得你亲切；你愚笨可以满足对方的表现欲，对方一高兴，自然会乐于答应你请求的事情，你工作起来自然轻松、有进展。

当你谦恭地请教他人时，即使是想探知关于工作上的秘诀，也让人不容易拒绝。当你放低自己，使对方陶醉在自我感觉良好的气氛时，你就已经接近成功。学会在适当的时候，以适当的方式向人请教，绝不是懦弱的畏缩，而是一种聪明的处世之道，是一种大智慧。

殷鹏从重点大学毕业后，进入一家设计公司。工作不久，他就接到了一项任务，他很高兴，因为这是他来到公司的第一次表现机会。高兴之余他又有些担心，因为他怕自己做不好，让公司蒙受损失。

他虽然感觉有些底气不足，可还是着手进行。经过周密的分析调查，他制定了3个方案。他先把这些方案拿给部门的沈经理看，又向对方逐条分析利弊，最后又向他请教用哪个方案好。听了殷鹏的汇报，沈经理已经认可了他的方案，就采取了自己较认可的一个方案。这时殷鹏又问他具体应如何实施，沈经理说：“你自己放手干吧，你们年轻人比我们有干劲。”

殷鹏连忙说：“我刚来，一切都不熟悉，还得多听取您的意见。”由于殷鹏的态度谦恭、意见中肯，沈经理很满意，他打电话给其他部门，让他们大力协助殷鹏的工作。因为有了沈经理的帮助，殷鹏的方案得以顺利实施。

最聪明的下级就是“不卑不亢”，常常以谦虚之态请教上司的下级。向领导提建议要用请教、试探、征询的方式，使对方在参考你所提出的建议后，水到渠成地作出你想要的正确决策。这样，他会觉得方案是他自己想出来的，所以对此会更加认可。提建议时，要态度谦恭，切莫盛气凌人，要注意给对方面子。这样做能表现出自己知趣、知理的一面，会令人产生好感，促进工作发展。

向人献策进言时，需注意以下几个问题，它们会直接影响建议的效果。

1.态度很重要

提建议时，说话要注意态度诚恳、言语适度，恰到好处地表达出你的意思。你不妨这样说：“我做了某事……但不知做得怎么样，还请您多多指点，毕竟您有丰富的经验。”这样，你体现出了自己的谦逊，显得甘心听取对方的指点，同时又借机表现了自己。由于你的坦率和诚意，即使对方不完全赞同你的观点，也不会影响到他对你本人的看法。假如你以邀功的口气直截了当地说：“我刚做了件事，这事相当不容易，我总算为您争了气……”那么，你首先损害了自己的形象，也降低了你在对方心目中的位置。

2.注意提意见的方式方法

向人提建议没什么不可以，但不可表现得过于“热心”，否则容易让人认为你是个麻烦制造者，从而不愿理睬你。因此，向人进言时不要过于急切，别忽视了对方周遭的人际环境以及时间安排。

不要不识时势地贸然说话。否则有损于他人的脸面，你会得到“不好看”。心中有想法，要选准合适的时机再表达，如一起进餐或下班后的轻松时刻，这样对方更容易“听话”。同时，也应注意说话的方式。态度要诚恳、语气要轻淡，点到为止就可以了。另外，还应观察对方的反应，如果对方点头赞许，你就借坡下驴，说得更深一些；如果对方拒不认可，你就要适可而止，不要咬住不放。

时常找人“谈谈心”，你会感觉更称心

职场上，当各方面条件都差不多的人展开竞争时，谁才能成为上级最青睐的那个人？显然，是比较“会来事儿”的人。

会来事儿，指的是一个人的社会化程度比较高。例如，去别人家拜访不空着手；见到朋友、同事的小孩，会主动买礼物等。会来事儿是一个非常厉害的技能。而其中的说话能力，更是重中之重。一个具有说话能力的人，懂得察言观色，能几句话就说在对方心坎儿上，迅速给对方留下“我最棒”“我能

行”的印象。如果不能很好地说话，对于个人来说，可能会减弱或丧失职场竞争力，难以完成想要的业绩或者目标。另外，如果你没有较强的说话能力，就容易引起他人误解，甚至受到上司冷落。

因此，如果你感觉到领导对自己的信任正在发生变化，那么必须找机会大胆地和他好好谈一下，及时消除上司对自己的误解。当你与他人发生冲突后，不妨在一些轻松的场合，如会餐、联谊活动等，向对方问个好，表达一下自己的歉意，要解释在这件事情中，自己并没有要挑战对方的意思，完全是单纯从工作角度出发，就事论事，表示出你对对方的尊重，如此，他自会排除或是淡化对你的敌意，从而对你改变印象。

在一个单位里，当领导需要提拔人员时，他选择的会是那些既有能力，又善于与他人沟通的人，而不是那些一味埋头苦干、“闷葫芦”似的人。与领导经常交流沟通，让他多了解自己的各方面，对个人的发展意义十分重大。

柏青是某公司的职员，他工作能力强，并且善于人际沟通。

有一次，公司有一个晋升机会，经理准备在他和另外一名职员中间作出选择，而那个职员被提升的可能性更大。面对不利于自己的局面，柏青静下心来思考，觉得是自己与经理的沟通还不够，没能让对方真正了解自己。于是，他就想找机会与经理好好沟通一下。事先他通过多种渠道对经理进行了全面了解。

这天，柏青休息，他便借故去经理家中做客，想借此机会让经理了解到自己的实力。

在轻松的氛围下，他与经理聊起了天，“哎，高总，听说您挺喜欢古典音乐的，前两天大剧院的那场音乐会您看了吗？名演员真多，演绎的都是名曲呢！”柏青兴味盎然地说。

“哦，我当时刚巧没空，有点遗憾。”对方露出了些许笑容。

接着，柏青谈起了看音乐会的感受，对方不时应一两句，气氛显得很融洽。

随后他们谈了一些工作上的问题，谈得很投机。在谈话中，经理发现柏青的经验很丰富，能力也很强。便问他：“如果把这个晋升的机会给你，你将怎么做？”

柏青说：“我一定会尽我的全力去做，而且我感觉这份工作对我来说难度也不大，我相信我一定会做得更好……”

最后，柏青被提升了。

柏青能被升职，固然和自身能力有关，但同时也和他能与经理主动、及时地沟通有一定关系。

良好的沟通不仅能保证人与人之间的交流顺畅，也会为人创造意想不到的新局面。人与人之间的沟通，尤其是上下级之间的交流，是需要用心才能顺畅的。所以，我们要懂得和对方及时沟通，适时送出“贴心话”。

人在生活中难免会遇到难堪或伤心事，由此引来烦恼。如果有一天，领导或同事的脸上显露出丝丝悲伤，你要善于观察并及时发现。此后不妨去试着找出对方真正苦恼的原因，然后友好地进行安慰。

林宇在某学校里和校长的关系不是很亲近。有一次校长因病住院，他听说后便买了一些营养品去医院看望。

看着病床上躺着的校长，林宇诚恳地对其夫人说："您这么大年纪了，像这样日夜照看，身体恐怕吃不消。我年轻，身体又好，不如由我来替您照看一下校长吧，需要的话，您尽管说，千万别客气。"

几句掏心窝子的话一说，立即把他和校长的关系拉近了许多。此后，校长对林宇的态度明显好转，工作上也很照顾。后来，学校决定派林宇出国深造。林宇学成回校后，不久就升职了。

想必林宇当初也没想到，去医院探望校长时说的那一番话，竟会产生这么好的效果。但这的确是事实。

有时候，人在最软弱、最需要安慰时，你的几句贴心话，会使彼此的感情更融洽。安慰他人时，要语气委婉、感情真挚。这样有利于减少对方的心理压力，有助于其对你产生好感。

日常生活中，类似于安慰这样的沟通方式还有"闲谈"。闲谈可以营造平和的谈话氛围，有效地增进双方之间的相互了解，加深彼此之间的情感。假如你在吃饭时与大家谈谈食品营养、各种菜式，与人谈谈环境、卫生、教育、围棋、足球等，那么他们在感情上会与你呼应，效果是非常明显的。

借着闲谈、聊天，可以缩短彼此的心理距离，从而拉近关系。这是人与人之间最普遍、最有效率的情感交流方法，对人际关系的建立帮助很大。

闲谈对于工作也非常有价值。大家在工作之余互相谈些有趣的话题，可以促进彼此之间产生亲切感，如此，工作起来也会更协调。相反，如果平时什么“闲话”也不说，彼此之间的关系就会不知不觉地疏远，工作信息的传递也会困难许多。

想方设法“多见面”，赢得他人的刮目相看

在竞争日趋激烈的今天，由于各种人才众多，他人不见得会注意到你的。只有设法吸引他人的注意，才有可能寻找到机会。那么，怎样才能吸引他人的注意呢？就是要与人多接近，增加见面的频率。

或许你有这样的体验，当你身处一大群人中间时，你会对那个不时出现在你眼前的人印象更深刻，慢慢地，你的视线会被他所吸引，从而觉得他比别人更具吸引力。

可见，若想快速被人注意，就要留心增加提高自己在他人面前的曝光率，这样可以加深别人注意及喜欢你的程度。

例如，你想让他人答应什么请求，就必须得对他人进行耐心细致的说服。为此，有些人对他人盯得很紧，一旦发现对方有一点儿空闲，便会抓住不放，结果，虽然长谈了，却引起了对方的反感，导致请求失败。

而如果我们能换种做法呢？不求与对方每次见面的时间太长，只求增多见面的次数。与对方交谈了一会儿，见他有事的样子，就迅速地告辞离开，这会让人觉得你明白事理，时间长了，对方就会对你产生好感。逮住时机多去几次，对方就容易被你打动，从而答应你的请求。

实际上，与人交往，见面时间长不如常见面。因为从心理学上讲，人们对熟悉的人更容易产生好感。所以要想与人拉近关系就要让对方多看到你、熟悉你，进而增加与你合作的可能。

在人际交往中，那些很有人缘的人，通常比较“会来事儿”，非常善于制造双方接触的机会，他们经常与人见面、聊天、聊家常、带小礼物等，以增进双方间的情谊，使对方对自己更加喜欢及认可。从长远来说，这样做对自己是极其有利的。

要想得到他人的赏识，就需要平时多与其接触。与人接触的次数多了，表现你能力的机会多了，对方了解你、提拔你的可能性就会增加。你应该设法增加公开露面的机会。例如，在例会中多发言等，保证自己的曝光率。接触他人的机会、渠道有许多，需要自己去积极地创造。某公司的总经理刘鸿，为了争取与美国老板碰面的机会，自创了一个高招：每天都悄悄观察老板上洗手间的时间，之后也在那时去上洗手间，以便与老板搭上话，方便日后的进一步沟通。

对于职场人士来说，各种聚会都是相当重要的。这种场合可能会同时汇聚很多老朋友，你可以利用这个机会，进一步加深情谊，同时可能还会认识很多新朋友。所以不论是升职派对，还是生日聚会，最好都要积极参加。在这些场合你不能只是干坐着，或者只是听别人发表意见，你要在合适的时候微笑着寒暄、交换名片，与别人多交流。而在适合自己发挥才能的时刻，你更要抓住机会表现，如唱歌等，让更多人对你有印象。

再如，你想得到领导的注意，就不妨经常向其汇报工作。有的人可能会以为，经常向上级汇报怪麻烦的，还不如一次多汇报一些，与对方进行更深入的交谈。这种想法的不妥之处在于，领导通常很忙，向其长长地汇报一次似乎不太现实。况且，汇报时间过长，效果不见得就好。相反，如果你经常汇报，与对方接触的次数多了，表现你的能力的机会就多，对方了解你、提拔你的可能性就会更大。因此，你不妨经常向领导汇报工作。在工作进行的过程中，定期汇报；预计工作会拖延时，及时汇报；完成工作后，立即汇报。这样，与对方越熟悉，对方越可能赞赏你、提拔你。

经常在他人身边出现的人，往往更容易得到对方的喜欢与认可。平时见面，要礼貌地打招呼、寒暄，会议上看见，不妨相视一笑……只要你不再低头走过，就是一个良好的开端。当然，露脸也要注意分寸，不要过于扎眼，免得遭受众人的谴责。而且露脸的次数也不宜过频、过多。如果你不分场合，天天都拼命“巴结”，人们就只会骂你爱出风头。因此，应当有所节制地 “露脸”。这样他人就会觉得你通情达理，从而愿意将大事托付于你。

第八章

优化你的朋友圈，成为交际大赢家

人和人之间的交往归结起来就是做人情、建人脉。人脉即财脉，是一笔巨大的财富。如果没有人脉相助，你不但会感到势单力薄，而且很难做大做强。优化人脉，一是以自身实力协调好人际关系，二是用心尽力将那些有用的人拉进你的圈子。上有贵人提携、下有朋友支持，你的个人竞争力将成倍增加。

优化人脉的最佳办法：提升自己的身价

经营人生的关键所在，即为经营人脉。人脉不再简单地只是“人缘”。人缘是基于兴趣的结识，而人脉则往往是基于利益的。为了获取利益，我们必须有意识地去拓展自己的人脉。

一个人的交往取向，即经常与什么人结交，可能会决定自身事业的成败。如果我们经常跟那些没有什么价值的人交往，将会对人生和事业产生消极影响。相反，如果能跟有价值的人交上朋友，将有助于把自己的人生推向一个新的起点。人的一生如果结交了有用的朋友，就可以帮助自己的事业取得成功。

对于任何人来说，人脉都是极其重要的。所以，我们应趁早投资人脉，尽力将那些有用的人拉进自己的圈子，然后让自己从中源源不断地获利。

但是问题来了，你想结交的人脉，人家就一定要理你吗？经常有许多自信满满的年轻人问：怎么结识那些比我厉害的人？怎么建立超强人脉？我每次都告诉他们，还是回去好好反思认清自己吧，看看自己到底都有什么。即使你再怎么急切、功利地想进入一个圈子，可人家凭什么就愿意接纳你呢？所以其实人脉不是你想建立就能建立、想发展就能发展的，千万别太一厢情愿和想当然。

结交人脉遵循的是等价交换的原则。先问问你自己能为他人提供什么。有人说，他结识过许多大企业家或官二代，但是他跟他们的来往并不密切。为什么呢？因为他们之间所能提供的价值并不对等，企业家或官二代能提供的价值大于他能提供的。假如你刚开始创业，一穷二白，即使你认识一年挣上亿资产的老板，对方会跟你形成人脉吗？那这就不能算你的人脉。类似这样的人脉，就是无效的人脉，因为不等价。

经常会有人告诉我，他认识谁谁谁，关系多么广阔。我禁不住笑了，其实那压根跟他一点关系都没有。人脉不是你认识多少人，而是有多少人认识你、认可你；人脉不是你曾联系过多少人，而是有多少人愿意和你打交道。发展人脉，最根本的立足点是利益交换，也就是你得具有为他人提供价值的能力。要知道，“没人愿意跟废物交朋友，也没人愿意理一条死狗。”

若要被他人看中，首要条件在于自己具有价值。良好的“伯乐与千里马”的关系，是建立在双方各取所需、各得其利的基础上的。《潜伏》中的余则成得到了许多有分量的人的帮助，一开始的吕宗芳，后来的站长，甚至是戴笠。正是这些人，帮助他多次转危为安。之所以能得如此外力相助，取决于余则成自身的价值。如果他没有军统背景，想必吕宗芳绝不会拉拢他；如果他不能帮站长融资，也不可能获得其庇护；如果没有立下大功，戴笠恐怕也不会青睐他。

他人之所以愿意与你交往，大多数的时候，是因为你能满足其某些需求，这种满足，既有精神上的，也有物质上的。如果你没有任何资本，必定是人见人嫌，不会有人对你感兴趣。所以，要想赢得别人的帮助，或者得到别人的器重，你首先要提升自己被“利用”的价值。

你是否具有“被利用”价值，决定了他人对待你的态度、决定了他人是否愿意帮助你。所以，优化人脉最佳的办法就是提升自己的价值。我们要不断地努力学习技能本领、不断地加强自身实力，不放过任何一个能够提升自身价值的机会。

如果你具有一定价值的话，自然会有人想与你握手、结交。所以无论是在上大学还是已工作，最明智的做法一定是加倍努力、提升自我价值，人脉是之后才需要考虑的。

当人与人之间可以相互扶持、利用时，他们才会坚定地站在一起。假如你想与某人成为朋友，或与他达成某种交易，那么你必须能够为他提供某种利益，满足他的某种需要。人与人之间只有利益互换、能够相互满足对方的需要时，关系才能得以持续，甚至变得更加密切。为此，你要不断地增强自己的实力，要让自己有知识、有能力，丰富而有趣起来，贫乏而虚弱的人，朋友肯定不会多。

如果实在结交不到人脉，那就不妨让自己活得单纯、快乐点，结交不到人脉——那就结人缘。

套近乎，把他人变成“自己人”

在现实生活中，人们往往更喜欢把那些与自己具有较多相同点的人，视为“自己人”。因为是“自己人”，所以会感到彼此之间更加容易接近，并且更加能够互相体谅。这样，对方不会感到某种心理压力的存在，也无须有戒心，从而会对你说的话更信赖、更容易接受。

由此看来，我们要想与他人建立关系，要使对方接受你的观点、意见，就不能不强化“自己人效应”。与新认识的人或者与不太熟悉的人相处，首先要学会套近乎。套近乎就是要在交际双方的经历、志趣、爱好、信念、价值观等方面寻找共同点，诱发共同语言，为交际创造一个良好的氛围，进而赢得对方的支持与合作。

如果你能设法让人喜欢及接受，那么你对他人的影响力和说服力就大。人们不会和自己所讨厌的人来往及合作。所以，一个人能否很快地同他人建立起良好的友情，与他的业绩绝对紧密相关。

杰克是位业绩优异的儿童图书推销员。他的同事阿法尔十分好奇地问："你的制胜法宝是什么？"杰克没有回答，只是让阿法尔跟着他一起上门推销。

他们一进门，只见那家的孩子正在客厅的地板上玩玩具。杰克跟家长打过招呼后，就趴在地板上问小孩："小朋友，你叫什么名字……你好啊，布兰尼，你真是个乖孩子。啊！你手里的小轿车可真漂亮！"然后，杰克就和布兰尼一起玩耍起来。

"布兰尼，我有些小礼物要送给你。"说着，杰克就从包里掏出一大把巧克力来。孩子十分开心，之后一边吃着巧克力，一边积极地回答杰克关于图书的提问，表现出对图书的喜爱。而孩子的父母正在一边看着这一切。

结果，布兰尼的父母为他买下了一大堆图书。

人际交往中，多花一些心思，进行一些适当的活动，绝对有助于建立紧密的人际关系。如帮助对方做点事，给对方的子女送点小礼物，恰当地称赞对方等。一位真正成功的职业人士，能想方设法地与人建立起关系，把他人变成"自己人"，并不断地增进情谊。

要想把他人变成"自己人"，不妨从以下两点着手。

及时找出并强调你与对方之间的类似经历、行为或想法等。例如，你发现对方的手机刚好与你的一模一样，你就可以问他手机是在哪里买的，称赞对方的手机，并且告诉对方你也有一个同样的。还可以注意听对方的口音，询问他的家乡，同时告诉他你的某个家人或亲戚也住在那等。

使用“我也”的句子。如果对方的经历或见解中有跟你类似的部分，你可以多使用一些具有神奇效果的短话，它就是“我也……”的句型。例如，“啊，您去过泰山啊，我也去过呢！是去年6月的事了。您是几时去的呢？”“您认为产品的质量是最重要的对吧？我也这么认为，因此您可以比较一下我们的产品与其他同类产品的质量。”

按照以上两点去做，你的语言亲和力很快就可以建立起来了。良好的人际亲和力既可以为你带来更多的友情，又可以为你带来更多的人际资源，让你获得意想不到的机会与前途。

学会与“异类”打交道，人际关系更协调

“物以类聚，人以群分”，人们似乎都喜欢同和自己各方面相近的人相处，这是可以理解的。一个人要和所有的人都成为朋友，那是不现实、不可能的。但是，我们只有学会和各种不同的人打交道，才会对自己的长远发展真正有帮助、有好处。

日常生活中，每个人或许都会遇见一些让自己厌恶的人。当见到这类人、听到这类人的声音时，我们就会产生本能的反

感。假如一直抱着排斥的态度，那你将会错失许多与人结交的机会，纵然像比尔·盖茨和巴菲特这样杰出、聪明的人物，也有可能与真正值得交往的人失之交臂。

人与人之间互相排斥、不能接纳，往往是彼此没有真心交往、主观臆测的结果。假如先入为主，抱着冷漠和排斥的态度，就会与真正值得交往的人失之交臂，留下人生遗憾，影响事业发展。因此，我们要积极与人交往，真心对待不喜欢的人，不苛求他人，这才是结交朋友的最可靠、最必要的途径。

在现实社会中，许多人倾向于只和自己比较欣赏或者喜欢的人交往，尽量避免与自己相似点不多、印象不良的人做朋友。这样做似乎无可厚非，但仔细一想，实则有诸多不妥。

如果只愿跟自己喜欢的人做朋友，容易使他人误解。一方面，他人可能会认为你看不起他，从而在内心对你产生不满，这不利于人际关系的融洽。另一方面，总和同一类的人交往，也不利于自身的发展。

如果能学会和自己不喜欢的人相处，就能够更好地取长补短。事实上，每个人都有自己的优点和缺点，过分苛求别人完美是不应该的。人与人是有差异的，你不能强求别人都和你一样。你定义的“难以相处的人”，最终被证明可能只是与你不同的人。在和他人相处时，要尊重差异，不挑剔他人，在接受对方的长处的同时，也要包容对方的缺点。这样彼此相处的空间才能扩大，这就要求我们，不必要求对方凡事都如自己的意、符合自己的标准，要学会从喜欢的角度来欣赏对方、尊重对方。

对不喜欢的人应设法多了解。主动了解对方，真诚相待，努力发现他人身上的优点，并给予赞赏。这样，你可能就会逐渐理解他、体谅他、喜欢他，慢慢地，你们甚至可能成为好朋友。

不妨试着与厌恶的人多接触，起初可能会有反感情绪，但随着接触次数和互动次数的增加，反感会逐渐减轻，你对对方的好感会随之增加。平时见面打个招呼，生日的时候送个礼物，是改善彼此关系的好方法。

跟不喜欢的人相处，还要注意讲究方法。事实上，由于家庭、文化、兴趣等方面的差异，我们所遇到的人各种各样。倘若你明白对方属于哪种类型的人，对症下药、见机行事，交流起来就容易多了。

应付难以相处的人，最有效的方式就是尽量采用与之相同的沟通交往方式。傲慢的人，往往表现得目中无人。与这样的人打交道，说话要简洁有力。把问题阐述清楚即可，要尽可能地减少与其交往的时间。如果你能以最简短的话清楚地表达你的要求和问题，他们往往会由于没有表现“傲慢”的机会，而不得不认真思考你所提出的问题，从而使交往顺利地进行下去。

与疑心重的人相处，凡事都从对方的角度考虑，多注意自己的言行是否有破绽或漏洞，有的话就及时修正。对方看到你言行谨慎、一丝不苟、处处让人放心，他的疑心自然会消除。

学会与不喜欢的人打交道，是一种成熟的处世方式。只有学会与不喜欢的人相处，你才能够顺利打入各种交际场合和圈子里面去，成为受欢迎的交际能手，促进你的进步与发展。

从细微处下功夫，不断开发“人脉金矿”

中国人历来讲究关系。“关系”就是把相关的人联系在一起，可以资源共享、互相帮助。一个人能否成功，有时不在于能力，而在于关系有多广。

关系可以让人更快、更多地获取有用的信息，进而通过自身努力将其转换为实际价值或财富。“好孩子”创始人宋郑的第一笔生意是童车，这笔生意是通过一位学生的家长才得到的，他由此开始正式创业。同时，宋郑做童车的第一笔资金也是通过一位在银行工作的学生家长获得的。如果没有外力相助，宋郑很可能还在做中学数学教师。

每个人的成长与发展，都与良好的人际关系密切相关。有人脉就有力量、有人脉就有竞争力，你的成功就赢在人脉。

世界顶尖激励大师安东尼·罗宾认为，人脉是人生中最大的财富，因为它能为你开启一道道成功之门，让你不断地成长、不断地获得。因此，经营并维护好自己的人脉圈，你就会离成功越来越近。

人脉的建立就是花心思经营友谊，不间断地对周围的人作感情投资。

事实上，越是亲密持久的关系，越需要不断地对其进行感情投资。感情投资应该是经常性的，不可似有似无，应处处留心，善待每一个人，从小处着眼，时时落在实处。分析那些在交际场合广受欢迎的人，其实无非是参透人心的微妙，花心思维系和培养友谊。

只有真正地关注他人，才能赢得他人的注意、帮忙和合作。我们一定要用心关心每一个朋友，适时送他们一些小礼物，在适当的时候问候他们及其家人。人际交往中，不妨用心对他人作点感情投资。说得现实一些，即使他们现在无法成为你的“大鱼”，当小鱼养着也不错，等它们长成了，你也就可以源源不断地从中借力了。

平时你即使再忙，也别忘了与人联络感情，如定期与朋友通电话、吃饭、给客户送些旅游捎回的当地特产，给他人发一封电子邮件、聊聊天等。当对方生病时，送去安慰关心；当对方有喜事时，及时祝贺，这时你送的礼品虽轻，对方也会很高兴地接受。这些都是诚挚的感情交流，是发自内心的赠予，可能为你带来许多新机会。我们应意识到日常联系的重要性，这既能建立及加深现关系，还能拓宽自己的交际圈。

多点行动上的付出，随时随地注意扩大你的人脉圈。世界著名人际大师哈维·麦凯认为，建立人脉就是一个挖井的过程，你得付出一滴滴汗水，最终才能得到源源不断的财富。要得到他人的帮助，你得先用心经营友谊之树。时候到了，你自然可以采摘到树上甘甜的果实。平日里，我们多与人交往、多投资人情，效果并不见得立竿见影。但长期坚持这样做，往往会在意想不到的时候，给你带来惊喜。

第九章

站好队伍跟对人，赢得老板和同事的信任

与其改变人，不如选择人。你和谁在一起，这甚至能决定你的人生成败。当形势需要你作出选择时，你需要冷静思考、正确分析，再明智地决定和谁站在一起。对一个人来说，选择的对错，决定日后的生存状况。选准人，始终如一地对待，跟从而不依附，才能赢得长久的友谊与信任，同时赢得利益最大化。

与良人为邻，与优秀者交朋友

与其改变人，不如选择人。有句话说得好，你是谁并不重要，重要的是你和谁在一起。所谓“近朱者赤，近墨者黑”，跟什么样的人在一起，慢慢地，你也会变成那样的人。你和谁在一起，甚至能改变你的成长轨迹，决定你的人生成败。

股神巴菲特这样说：“假如你告诉我你的偶像是谁，我能预测出你将能成为什么样的人。你需要和比你优秀的人在一起。”著名的哈佛大学有句校训：“与柏拉图为友，与亚里士多德为友。”选择结交那些比自己优秀的人，这对人的成长和发展非常有益。

和狼生活在一起，你只能学会嗥叫，和那些优秀的人接触，你就会受到良好的影响，渐渐成为一名优秀的人。假如你总和消极无志向的人在一起，就会在不知不觉中消磨你的意志，使你日益颓废，丧失前进的动力，从而变得平庸无奇。假如你总和优秀者在一起，即使你的行为原本不怎么好，你也会在他们潜移默化的影响下变得高尚起来。和积极的人在一起，你不会消沉；和勤奋的人在一起，你不会懒惰；与智者同行，你会成就非凡；与高人为伍，你能登上巅峰。

跟成功的人在一起，你就会受到良好的影响；跟失败的人在一起，你必然会被失败的阴影所笼罩。生活中，总有些不思进取、搬弄是非、肤浅草率的人，如果你总和这样的人共事，毫无疑问，他们一定会影响到你。想减肥，别与胖子为伍。任何一个群体，总会有苟且度日、没品没德的人，也总有积极上进、品格出众的人。其实你混入哪个阵营都能生存，关键是看你希望自己成为哪种人。上天决定了谁是你的亲戚，但是在选择朋友的方面给你留下了余地。

叶媚陪着丈夫参加了几次高中同学的聚会后，感到颇不满意。丈夫的朋友看起来都过于老实本分，没什么进取心，思想也十分保守。

他们之中没有一个人在单位里当领导，而他们竟非常满意现状。叶媚这才真切地体会到，丈夫之所以不优秀，很大程度上受限于所交的朋友。于是她和丈夫认真地进行了沟通。

幸运的是，丈夫没有固执己见，欣然接受了她的建议。从此，他只参加那些有进取心、有活力的人举办的聚会，并努力结识公司内有影响力的人。刚开始的时候，和比自己更优秀的人相处令他感到有些压力，但时间长了，他就开始喜欢和这些人相处了。在交往过程中，他比从前更愉快也更有工作动力了，业绩节节攀升。

与优秀的人交往，感受他们奋斗的激情，学习他们成功的经验方法，这对人的生活和工作必将大有助益。如果你选择和积极乐观、有上进心的人为友，就会受到积极的暗示，对情绪和生理状态产生良好的影响，从而激发内在潜能，发挥超常水平，取得突出的成绩。

使自己成为优秀者的途径之一，就是要在自己所处的环境里，积极设法与处于优势地位的人交朋友。对于我们来说，结交优秀者能获得切实的帮助。这里的优秀者，首先是指立身于社会主导地位的人们，其次则是指那些才能突出、有杰出贡献的人，或是学识渊博的学者、才华洋溢的艺术家等。你应该结交一些专家、学者、教授等，定期与他们交流，将会使你受益匪浅。你百思不得其解的难题，经他们只言片语的点拨，你会豁然开朗。优秀者往往具有深远的影响力，一句赞许的话就可能使你受益良多。

因此你不要放过与优秀者“深交高攀”的机会，要与其大胆交往，建立起良好的关系。一旦与其建立起关系，他就会处处关照你。如此一来，你的命运可能就会层层递进、大获改观。

但优秀者不是那么容易就能结识上的，需要你费一番周折。这里介绍一些可能与他们“搭上线”的方法。

提前了解。对优秀者的材料要尽力收集，力求全面详细。例如，他的出生地、过去的生活经历、现在的生活状况、兴趣

爱好、处世风格等。总之，凡是与他有关的材料，都要尽力收集。对对方了解得越透彻，越有利于你与对方建立情谊。

主动结识。主动结识是与优秀者交往的好办法。政界要人、影视明星、商贾巨富等，总是经常出入高档场所，如高尔夫球场、一流的音乐厅、高级商场等，这些地方就是结交他们的理想之地。你不妨经常出入于此，寻找与优秀者结识的机会。

托人引荐。托人引荐是比较常用的办法，一般托那些与对方交往密切的人作为中间人引荐，会收到事半功倍的效果。

找中间人需要注意的是：你先要让中间人尽可能地了解你，并获得中间人的好感和欣赏，这样他才会积极地去引荐。否则，对一个不太了解或不太认可的人，中间人是不会愿意引荐的。

另外，你可以“冒昧”地给对方写写信、打打电话，从网上发消息，干脆地提出结识要求。有经验者通常都会诚恳地问对方：“可以跟您聊一下吗？”许多人往往都不会拒绝。这样一来，就能认识不少优秀的人。

知道了结交优秀者的方法，你就应拿出勇气和智慧来，赶紧有所行动，通过各种直接、间接的方法，尽快与优秀者搭上茬儿。只要你态度真诚、手法高明，一定会把优秀者拉入你的圈子，让他们的思想言行浸润你心中，改变你的一生。

选择好老板，跟对人事半功倍

你愿意跟什么样的老板相处？人们的回答通常是“好老板”，肯定的，没有谁想要“猪一般的队友”吧？

职场上跟对老板非常重要，这将在很大程度上影响着你的做事风格和价值取向。跟错了老板，发展得慢不说，还有可能风险频发，甚至招来牢狱之灾。而好老板是事业成功的加速器，能够让你获取更多的能力和信心，能够给你提供更多的帮助。

在老板身边，可以近距离、真切地学到成功者多方面的真经，快速提升自己。老板的光辉能够折射到你，为你增加无形价值。借助老板的人脉圈，你可以在短时间站上较高的平台。跟对一个好老板，能让自己少走弯路，快速实现自己的职业目标。

陈德毕业后进入一家咨询公司工作。那时他虽对工作充满了热情却经验欠缺，工作中连连出错。幸亏他遇到了一位好上司，上司不厌其烦地对他进行纠正、引导。每当他取得一点进步，上司就给予足够的肯定与鼓励。后来他的上司升职为副总经理，临走之前还推荐他参加了季度管理会，极大地锻炼了他的能力。

后来他离开公司自己独立创业，和原先的上司依然有联系，还时常相聚畅谈。陈德内心对上司一直充满了感激，感谢他点燃了自己奋力追求事业的热情。

职场上求生存，拼的不仅是实力，更多的时候，拼的是眼力，是谁有眼力选择一个好公司、选择一个好老板。老板的眼界、能力决定着公司未来的发展。谁有眼力选择一个好老板，谁就能找到有利于自己发展的位置。选择一个好老板，就等于选择了一个光明的未来。

要知道，一个老板往往是多侧面、多元化的，所以在选择老板的过程中，一定要综合分析、正确判断、明智取舍，绝不可凭一时的感觉，盲目决断，以免产生“看错人，跟错人”的遗憾及损失。

那么究竟应用什么条件标准判断一个老板是否值得自己追随呢？

人品好的老板。一个人的思想、价值观决定着他的行为取向。一个公正、诚信的老板，才能严于律己、善为表率。这类老板能够做到言行一致，处理事情相对比较公平、公正。跟着这样的老板，哪怕是遇到利益纷争、遇到成果被夺走的情况，你也不必过于担心。跟着这样的老板，你会受他的影响，职业修养和职业道德都会得到很大提升。跟老板进行交谈，是了解他的一种方式。你可以适时向他提问，从而了解到他内在的东西。

善用人的老板。老板是一个配置资源、引导方向的人，并不需要事事躬亲，只需要选择利用好各种人才，督促众人共同完成已经预订的目标。能够把各种人才统合起来并形成团队力量的老板，就是一位好老板。这样的老板具有凝聚力，能团结组织内部的人一起为工作努力。

目标明确的老板。好老板肯定知道自己的目标是什么，也懂得围绕目标工作。如果老板不知道自己在忙什么，下面的人就更不知道从何做起。朝令夕改的老板，可能会不断地给你新指示，你花费许多时间策划的方案，可能会因为他的一两句话就宣布作废。目标不明确的老板会三天两头更改目标，让你无所适从。而目标明确的老板，不管在什么时候，他的目标都是唯一的。这样的老板，有着大战略，能够高瞻远瞩地看待目标，行动力也很强，能给员工信心和精神鼓舞，让员工越干越有劲儿。这样的老板，肯定是所有人都希望投靠的。

敢于给员工尝试机会的老板。这样的老板不墨守成规，敢于给员工尝试的机会。对于刚毕业的大学生或工作经验不丰富的人来说，这是非常难得的有利条件。在这样的老板手下做事，即便在工作过程中出现了失误，对方也会对你进行耐心指导，帮你解决问题，会让你不断有收获，使你很快成长起来。

有胸怀、能容人的老板。心胸狭窄的老板，看到下属比自己强就会难受的，他们容纳不了员工的发展，更不会创造什么有利条件。而一个胸怀宽广的老板，有容人之量，懂得如何培养下属、适时放权。跟随这样的老板，自己才可能有大发展。

懂得体谅人的老板。这样的老板，通情达理，不仅懂得调节压力和情绪，通常还不会把下属当“机器”。这类老板张弛有度，不会无端让下属员工经常处在紧张之中，反而会设法让员工放松，与员工打成一片。

除了以上几方面，老板的家庭关系也是值得参考的。如果他的家庭关系有点儿乱，就得引起注意了，跟着这样的人恐怕也不会太牢靠。再就是看他与下属的关系，是融洽还是紧张？对下属重视还是漠视？都能反映出其人品态度。这些情况可以自己观察，也可向旧下属了解一下，然后自己仔细辨别。

作判断是选择老板的最后一关。汇集所有已获得的信息、线索、资料等，将它们有效地分解、组合、搭配，统观全局，最终作出明智判断及选择。

世上好老板有很多，在处世方式、工作风格等方面，每个老板都有自己的特点，关键要看与你是否适合，如果你与对方“一见钟情”、一拍即合，再好不过。如果你看对方不顺眼，在他面前有强烈的压迫感，那么赶紧远离吧，这位老板不适合你。

一旦选择好老板，就要毫不犹豫地跟从、全心跟从，为之谋、为之干活，共同做一番事业。如果跟对了人，自己又有志向，坚持下去必定会有好结果。

面对“派系斗争”，理智站对阵营

有人说“不怕做错事，就怕站错队”，做错了事，还有机会改正；站错了队，有时候就陷进去再也出不来了。职场站队很常见、难避免，站错了队肯定没什么好下场。

在单位里，也许你会不经意地发现在组织内部存在种种“派系斗争”。人如果分两派，两派之间关系不和，甚至存在很深的矛盾，夹在中间的人就会面临选择：我到底应该站在哪一边？选择哪边对我才是最有利的？思来忖去，拿不定主意。一旦表明了立场、选择了队伍，势必得罪另一方，容易惹祸上身，其结果不堪设想，再想挽回就很难了。那么到底应该怎么办呢？

面对互相存有矛盾的派系，你可以与其保持同等距离，跟谁都不过分密切，工作决定应该多与谁接触，就和谁多来往。面对派系斗争，不妨保持中立，别让自己不自觉地卷入复杂的派系之争中。这其实是最明智的做法。

小孟刚工作没几年，是一家中型公司的技术骨干，肯干活，人缘也不错，老总和副总都对他表示出提拔之意。小孟兴奋异常，觉得自己快熬出头了。就在这时，有老员工悄悄告诉他：“你看出来没，老总和副总不合，站哪边才好，你掂量着办吧……”顿时，小孟就懵了。正当他烦恼之际，部门主管过来点拨：“公司马上就换届选举了，我们投谁，谁的位子就坐得牢，我看你就投老总吧，我也是投他。”听了此番话，小孟想了一整夜，最后，他决定严守中立，不与任何一方多接触。此后，他每天都加班加点地工作。同时，他也适度保持与两位上司的距离，力图两方都不得罪。这样，两方虽然斗争激烈，但也没影响他做好工作。就这样过了一个多月，突然，老总向全公司宣布："今天，我递交了辞职报告。"顿时，好些"老总派"人士都目瞪口呆。而小孟则暗自庆幸自己当初的决定……

面对派系斗争，一般而言采取中立的态度是可取的。你必须多听、多看，对组织内部的人际情况多了解，尽可能冷眼旁观，以中立的态度应对各方的争斗，不要有跟哪个派系领导结成同盟的想法。明了此点，才不至于轻易成为某次斗争的牺牲品。

但身在职场，有时形势是不允许你保持中立的。职场中无时无刻不充满了政治斗争。你注定是逃脱不了的。哪怕你只是一个普通职员，只要还有一票选举权，你就会成为众多人拉拢的对象。处在这样一种格局中，你想保持中立、一己独行，不入伙、不加帮派，都是不被允许的。此时形势会迫使你作出明确的选择，妄想两边讨好，很可能左右都落空。那么问题来了，你到底要跟从什么人，让自己加入哪一支队伍才是最佳选择呢？

需要作出选择时，要冷静思考，不可头脑发热、盲目站队。首先必须对形势有清醒的认识、正确的判断；其次要冷静而客观地对比双方的实力，对周围的人心向背等也要有清醒的认识；最后再对未来情况作出尽可能准确的预测。这样就可综合分析情况，作出准确判断，决定站在谁的队伍里。要想让自己利益最大化，就要真正选对阵营、做对事。

某机关单位存在两派势力：以南方某大学的校友形成的局长一派，以及由北方某学院校友所聚成的副局长一派。两派势力此消彼长，斗争十分激烈。

何楠从南方某学院毕业后进入此单位工作，他自然成为局长派的拉拢对象，通过一段时间的识别，他选择站在局长这一派。

一天，他偶遇副局长派中的晓凯，一看原来是他的远房表弟。在饭桌上，表弟向他透露了一条重要消息：他们怀疑局长有“不轨行为”，准备向上级反映，揭发他的“罪行”。交谈间，对方希望他能暗中收集一些“相关证据”，并承诺会给他相应的好处。

思忖片刻后，何楠义正词严地拒绝了对方的要求。

后来，局长得知了此事，他认为何楠为人忠诚、值得重用，不久就提升了他的职务。

要想在职场长久立足，必须根据形势作出正确的判断及选择。做“墙头草”是职场大忌。过于投机和反复，都会遭人唾弃，影响自身今后的发展。所以，在站队问题上，一定要有明确而清醒的认识与选择。

当你分不清对错时，站到主流阵营准没错。面对互相对立的双方阵营，先追问谁对谁错，就像我们小时候看电影时总要问大人谁是好人坏人，未免太过幼稚了。在单位或组织内部，多种势力间的利益纠葛往往极其复杂、莫可名状，恐怕不是用简单的对错所能区分的。站在他们各自的立场上看，他们便都是对的；互换一下立场来看，便又都成错的了。你在这种时候需要做的，就是看清谁是主流，而不是小孩儿似的试图分清好人、坏人。

主流拥有强大的力量，往往势不可当，几乎没有人可以抗拒。人在职场，无论你如何定位自己、设定了怎样的目标，只要你希望有所成就，就一定要为主流所认同和接受。站队之前，要对博弈的一方进行一番盘算，看一下谁的胜算更大、支持者更多，站队自然要选择胜算大的主流一方。

另外，要跟从与自己志向、价值观一致，工作、处世风格匹配的派别。只有跟从这样的帮派，才能互相合拍，让自己真正得到助力，进而对自己在职场的长远发展有利。

站队的方向和抉择至关重要。选择的对错，决定日后的发展状况。选准队伍，与之同步，才能在职场长久立足。

跟从而不依附，做盟友不做死党

比站好队更重要的，是找到自己的靠山。无论是在职场，还是在商场上，找到一棵好的“大树”，可以让人受益良多，成长得更快。

我们可以让自己跟随“大树”共同前进。世面上那些励志自传你不必全信，如勤杂工做到总监，技术员做到总经理等。这些人的工作能力或许很强，也都勤奋有加，这是不必否认的，但他们的成功真的都是靠这些吗？实际情况，多半必然是：自身实力过硬，又有人拉扯提携，这才更真实。

跟有关领导的关系固然有搞好的必要，但前提是你要有自己的实力，活儿干得漂亮，让谁跟你联系到一起都不会觉得丢脸。有阅历者都明白，人要想在职场长久生存及发展，最终靠的往往还是其个人实力，而不是家世背景方面的东西。所以要相信，天助自助者，只要能力足够，就一定会有人赏识你，并成为你的帮扶者。当然前提是：你要成为我的人。

经过一番权衡比较，一旦选准了靠山，就要如一地跟从，但不管跟从于谁，都要给自己留后路。因为能有一个硬靠山固然很好，但他不会总靠得住，甚至有倒的时候。形势总是瞬息万变，今天的得势者，或许就是明天的失势者，甚至会是惨不忍睹的失败者。你依附过深、不留后路，到时难免跟着一起毁灭。有朝一日，他轰然倒下，你该怎么办呢？你不但失去了依靠，说不准还会受连累。以下故事的教训便极为深刻。

某公司的董事会要提拔一名新的总经理，马经理和牛经理是实力相当的竞争者，业绩都不错，背景也差不多，所以竞争极其激烈。马经理为了能得到更多的票数，就极力拉拢某部门的主管杨达，希望他与自己站在一起。

为了拉拢杨达，马经理许诺说，如果自己能竞选成功，一定对他大力提携。他说：“小杨，到时候我们互相协助，在公司内部，不管什么事情，还不是我们说了算？你的一些设想，就更容易实现了。”

杨达一想，果然不错，现在人家主动找自己，何乐而不为？他马上就答应了马经理，决定全力支持他。

此后，杨达视马经理为铁靠山，工作时间乐得落个悠闲，上班后就泡在公司的电脑前玩游戏，有时不想上班了，打个电话跟马经理说一下就行。

而对牛经理，他则退避三舍、态度漠然，对方见此情形就失望地走了。

3个月后，董事会一投票，结果出乎杨达的预料，尽管他竭尽全力帮忙，牛经理还是以两票优势胜出。更重要的是，董事长经过深思熟虑，也倾向于让牛经理来做总经理。

牛经理上任之后，首先对机关人员进行了裁减，杨达立马被降职到基层岗位。

由于杨达对马经理依附过深，彻底失去了牛经理的信任，可谓损失惨重。

要想在职场上长久立足，有时需要“狡兔三窟”。如果只依附一人，不顾其他，他日此靠山一倒，自己就“无可救药”，必然会遭到众人攻击，身陷险境。因此，靠山可借助不可依附，不要在一棵树上吊死。

在一个单位内，多找领导谈谈，以便拉近关系，这是人之常情，但必须保持好一定距离，不能交往过密。急于寻找靠山，同急于表现一样，都属于职场中极为幼稚的行为。而自以为找到了靠山，还要有意无意地让别人知道，就更是蠢得不可救药。试想，当你向周围的人传递出一个信号："我是某副总的人。"他们会有怎样的反应？如果你亲近的领导，在群众中有较高的威信，那倒还过得去；如果你亲近的领导威信不高、名声欠佳，那你也必定会随之遭殃。

一般同事会这样推测：此人大概与某领导有利害关系，他一定背后没少"动手脚"，想不到他还有这手啊，以后可得注意防着他点儿，别让他没事跟上面汇报点什么。别有用心的同事则会想：正好，以后可以利用他这层关系为自己办点私事啊！

主管想的却是：哼，年纪轻轻的就学这一套，这分明是给我出难题，让我处处都要看副总的面子罩着他是不是？好嘞，你敢跟我叫板，那我就让你"哑巴吃黄连"。

很可能连老板都知道了，他可能会嘀咕：此人工作不咋地，拉关系倒挺在行的。可不能惯着他，在公司里形成这样一种拉帮结派的风气可不好，找机会我把他调开算了。

职场原本是个利益共同体，如果你跟某领导走得过近，就容易侵犯他人的利益。何况领导也不是只有他一个，你都成这位老总的人了，那别的人还怎么领导你？

跟某位领导走得太近，一旦领导易人，新领导会对你产生种种不好的看法，为了以防万一，他找些把柄整治你也是必然，于是你的命运可想而知。

只亲近个别领导显然不好，因此与之相处要把握好尺度，保持一种“若即若离”的状态最安全，这样就可避免祸患。朱铁所在的公司5年换了三任老总、两任主管，普通职员也进行了几次大换血，他却一直安然无恙。好友询问他这是为什么，他坦诚地说：“我从不过分亲近哪个领导，跟他们总是淡淡相交，所以没有人说我是哪一个领导的人。我只用心干好工作，而不是总黏着领导之中的哪一个。”

可见，职场中的界线不可逾越，与人还是保持一定距离为好，可以做盟友，却不要做死党，否则可能后患无穷。

第十章

别小肚鸡肠，斤斤计较容易两败俱伤

为了生存，人与人必然会有大大小小的矛盾冲突。对于非原则问题，你完全可以舍弃争强好胜的心理。凡事不那么斤斤计较，就可能避免两败俱伤。对于他人的无心过失、有意过错，要有清浊并容的雅量。要用宽容的心去理解、体谅他人。理智地退却、大度地忍让，反倒会获得一片海阔天空，任你驰骋。

不与人争论而是商讨，效果会更好

在生活与工作中，当面对与自己意见相左的人时，许多人的本能反应往往是：通过争论胜过他。只要是他人的意见与自己发生冲突，就揪住某些细节争论不休，或常纠正他人的错误，不把对方驳得脸红脖子粗、低头认输绝不住口。

日常工作生活中，这样的人是不受欢迎的。因为生活不是谈判桌，将这样的本事运用到辩论会、谈判桌上，或许自有其功效，但是，对于与你打交道的工作伙伴，只需要交谈，不需要争辩。即使你强辩赢过了他们，向他们证实了自己的口才及睿智，也没什么实际意义，顶多落个“善辩”的称号罢了，后果却是众人对你敬而远之。本杰明·富兰克林曾有睿智之言：“如果你老是抬杠、反驳，也许偶尔能获胜，但那只是空洞的胜利，因为你永远得不到对方的好感。”可见，强辩并非一种明智的做法。如果你的胜利使对方的论点被攻击得千疮百孔，你会觉得扬扬自得，但对方会自惭形秽，觉得你伤了他的自尊，他会怨恨你的胜利。

小巩刚进入公司的时候，年轻气盛，自恃学历高、工作能力强，会议上经常与人争执，将会议气氛弄得非常尴尬。一次他终于惹祸上身。

那天，当主管在作报告的时候，他当场打断，并指出了其中的漏洞，说自己觉得此研发项目完全没有理论根基、没有实现的可能。他话音刚落，主管就气愤地同他吵了起来。其实主管的工作经验丰富，而且这个研发报告是众人合力做出来的，基本上是成熟的。

在与主管辩论的过程中，小巩也意识到是自己错了，他甚至都没有理解这个研发项目所针对的对象是什么。小巩虽然有才华和热情，但是他屡屡与人争执，的确阻碍了工作进展。同事认为他不尊重别人的劳动成果，一意孤行。领导也很不满，小巩因此被架空，不再被允许参与核心工程，许多会议都不让他再参加。

工作中，大胆讲出自己的反对意见是应该的，但是应注意方式，出言慎重，不可强言争辩。针锋相对、咄咄逼人的争辩只能屈人口，不能服人心。有些事情假如你非要辩解清楚，不仅达不到目的，反而会让自己伤筋动骨。因此，遇到矛盾冲突时，你不妨衡量一下，你是想要一种口头上的、表面上的胜利，还是想要别人的好感与信任？

当你与人发生冲突的时候，只要不是什么原则问题，你完全可以舍弃争强好胜的心理，甚至甘拜下风，如此，就可能避免两败俱伤。还是与人少结怨比较有利于自己，如果你还想让自己有所发展，使自己有所作为的话，就应该“怀忍让之心”，而不要作无谓的口舌之争。在与人交往方面，香港“领带大王”

曾宪梓的原则是：只要自己与别人有矛盾，别人哪怕只有10%的正确，他也要虚心承认自己的不足并向人请教；而自己，哪怕只有10%的错误，他也认为是100%的错误，所以要彻底反思和改正。

争强疾辩不可能真正改变结果，只能靠宽容、协调、技巧去改变他人的观点。“如果你握紧一双拳头来见我，”威尔逊总统说，“我想，我的拳头会握得比你的更紧。但是如果你对我说：‘让我们坐下来，好好商量下，看看彼此意见相异的原因是什么。’我们就会发现，彼此的距离并不是那么大，相异的观点并不多，反倒是看法一致的观点居多。你也会发觉，只要彼此有沟通诚意和愿望，我们就能沟通。”

当要陷入顶撞式的争辩旋涡时，最好的办法就是绕开它，不去争论。为了与他人有更好的沟通，“挑刺”式的谈话方式必须被舍弃，而应采用一种柔和、不具侵略性的谈话方式。这样当你在表达意见时，对方就比较容易听进去，会不知不觉地接受你的建议。下面介绍几种较为可行的方法。

1.先肯定后否定法

不要急于否定对方的说法，不要一开口就是“不行”“不对”“不可以”等话，这往往会让沟通很难进行。而应先肯定其合理性，然后再有理有据地阐述自己的见解。例如，在讨论怎样搞好单位卫生时，有同事提议：一个人连着干3天。你却有些不同意，此时，你不妨这样说：“你的提议有一定的道理，也是一种方法，但我认为还是一个人干1天比较好。”接下来，你可以具体说说理由。先肯定对方，再提出不同意见，这样显得比较客观和公正，也容易被对方接受。

在双方意见不能统一时，可谋求一个折中方案；对利益有争议时，双方要坐下来诚恳协商，必要时不妨都作出一定的妥协。

2.分析利弊法

由对方的观点推导出可能产生的不良后果，在此基础上，再提出自己的意见。你在提出不同意见前，应考虑清楚，对方的意见弊端究竟在哪里。你要尽可能多地找出来，找出对方意见的毛病越多，否定起来就越容易。值得注意的是，分析别人意见的弊端要实事求是、有理有据，不能无中生有，更不能任意扩大。

3.巧妙借助法

有时，自己不便直接说出不同意见，或说出来没有什么说服力，此时，可借助他人的观点或做法来替代自己的意见。巧妙借助法实际上也就是用事实来说话。借助同类型的、已经明确了的事例来替代自己的意见。例如，你可这样说：“李勇他们遇到过类似的事，他们就是这样处理的，效果不错，我们是不是可以借鉴一下？”

在与人交往时，不要让对方觉得你是在将自己的想法强加给他，不要与对方争论而要商讨，这样效果会更好，人际关系也会更和谐。

以温言对怒语，换得“一团和气”

生活中，常有一些人十分容易为小事情同人争论，而且火药味极浓。此时，得理的一方应当有饶人的雅量。如果你得理不饶人、语气太激烈，惹恼对方，逼得对方走投无路，就有可能激起对方的反抗，乃至令其“慌不择路”，对你造成伤害。最后非但达不到目的，还容易把事情搞僵。所以，即使你占理也要注意说话的态度和方式。保持明智冷静，不要理会那些充满敌意的过激话语，这样就不会使你失去平衡的心态，有利于问题的进一步解决。

生活中凡事不要那么斤斤计较。要多为对方着想，即使你有理，也要做到“得理饶人，理直气和”。

“有理不在声高”，说话并非说得有棱有角、咄咄逼人才有分量。像这种温和式说法，由于充满了对人的尊重、宽容和理解，本身就产生了一种感化力，从而引起对方心理的变化。

人在有理的时候不要咄咄逼人，而要有容人容事的胸怀。不少时候，人和人之间的相互发火，是因为互不了解、有失沟通造成的。这时候得理的一方切不可因对方的错怪而以怒制怒。最好的方式是多加解释，想办法沟通或者道歉、劝慰，与对方达成谅解或共识。“火气”遇上“和气”，就失去了发泄的对象，自然降温熄火。

“服务员在哪里？快过来一个！”一位顾客粗声大气地说。服务员小嫣闻声立刻过去了。他指着面前的杯子，气愤地说，“真缺乏职业道德！你们的牛奶是坏的，把我的一杯红茶都糟蹋了！”

“真对不起！”小嫣笑着说，“我立刻给您换一杯。”

新红茶很快就准备好了，旁边放着新鲜的柠檬和牛奶。小嫣轻轻地放在顾客面前，又轻声地说：“我是不是能建议您，如果放柠檬，就不要加牛奶，因为有时候柠檬酸会造成牛奶结块。”

顾客的脸一下子红了，他匆匆喝完茶，走出去了。

有人不解地问小嫣：“明明是他无知，你为什么不直说呢？他那么粗鲁地说你，你为什么不还他一点颜色看呢？”

“正因为他粗鲁，所以我要平和；正因为道理一说就明白，所以用不着大声！”

小嫣以“和气”对“火气”，表面上“柔弱无力”，实际上“力胜千钧”，产生了积极的效果。当遇上有人无理取闹或产生误解时，你不必过分冲动，更不要破口大骂。理不直的人，常用气势来压人；理直的人，要用和气来交朋友。如果你能保持忍让态度，柔言相答，结果自会“灭火消气”，换来和气。

生活中与人产生矛盾分歧，即使你有理，也要做到“得理饶人”，因为有时候，“和气地饶人”，会让你收到“帮人利己”的效果。为了避免与人说话过于尖刻，需要注意下面几点。

1.注意措辞

与人说理时，语言要文明，不能用粗俗的词语，要尽量多用中性词或褒义词。说不同的意见或批评时要委婉表达，切忌直接否定或嘲讽。要注意语言的细节，如“请你……”就比“你给我……”好得多。

2.语速适中

过快的语速容易让人产生压迫感、强制感，或是让人不知所云；过慢的语速要么使人着急，要么让人昏昏欲睡。语速必须适中，这不但有助于意思的表达和对方的理解，还可以使人产生舒适感、愉悦感，从而有助于拉近你与谈话者之间的心理距离。

3.语气平和

人与人之间是平等的，没必要低三下四，也不要盛气凌人。别人对你的认同或是尊重，靠的是你人格的魅力，而不是强硬的语气。无论什么时候，都要保持心平气和。否则，说话的语气稍稍偏离平和，各种是非就会出来。

4.控制说话时的音量

你声音太大了会让人反感，让人感觉是在以势压人。但音量太小会使人听着费劲，误以为你怯懦。一般要根据听者的远近，适当控制自己的音量，最好控制在对方听得见的限度内。

走出争斗的误区，学会化敌为友

身在社会，由于每个人的个性、经验、价值观、生活背景等各不相同，因此互相之间争斗在所难免，可能发生利益上的争斗，也可能发生是非的争斗。大部分的人一旦陷入争斗的旋涡，不管是为了尊严或为了利益，得了理便会不饶人，没理也会赖三分，非得逼得对方投降不可。然而这样即便能让你暂时胜利，同时也是下次争斗的前奏。这样就会造成你与对手之间无休止的争斗，这样下去的后果只能是两败俱伤、不堪设想。

生存于世免不了会出现各种矛盾、产生各种争斗。一旦遇到这种情况，如果你只是一味地锱铢必较，哪怕是一点小事，也会因为你的任性而不可收拾。不过，要是能你用一颗宽容的心去对待，就能大事化小、小事化无，化干戈为玉帛。

假如你与他人积怨已久，双方都存有戒备甚至敌对心理，都不愿主动示善和解——这时，如果你能主动退让，或给对方传递一个善意的信息，或为对方做一件友善的事，则很可能从此握手言和，但是往往这一步很难跨越。需要当事人有足够的勇气、较高的思想修养，还要善于说服自己，才能奏效。

生活中，对于那些因故打击或伤害过我们的人，如果不学会宽容，就会把自己陷入无穷无尽的烦恼之中，身心难安。面对这样的人，多体谅包涵些，一个淡淡的微笑、一句轻轻的歉语，会带来和缓的转机，这就是宽容。

一个人有时能容忍他人的无意过失、自以为是，却很难容忍他人的存心污辱和肆意攻击。但唯有抱着“尽释前嫌”甚至

“以德报怨”的宽容态度，才能少一分仇恨，而多一分祥和。

伯乐达董事长陆留伯说：“我从不与人为敌，即便是曾经与我为敌、坑害过伯乐达的人。他们生活上有困难，找到我，我还是会帮他们一把。有人问：‘你怎么还对他们好？’我是这样想的：他们虽然不能成为我的朋友，但也没必要让他们做我的敌人。他们中有人毕竟在伯乐达干过，为伯乐达的发展也做过一些事，多记着人好的一面吧。多交一个朋友多一条路，多树一个敌人多一分祸。”

我们与他人在各种不同的场合中交往接触，总免不了有意见相左、磕磕碰碰的时候，但只要不是原则性问题，各自都应主动退让，多担待一点、少计较得失。舍弃争执、退后一步，就可以换取和谐相处。

孙冰升任某部门主管后，有位年长的同事对他冷言相向，颇不讲理。一天，他交给该同事一项制订月度计划的任务，并要求其在3天内完成。可到了第4天，对方仍没有交给他。孙冰看到，这位同事甚至在办公室与人闲谈，完全没有赶计划的意向。孙冰觉得，应该与他好好谈一谈。

下班后，孙冰约这位年长的同事到茶馆坐坐，并亲自给他斟上茶。在幽幽的茶香中，孙冰谈到自己的成长经历、人生观、价值观，以及对未来事业的种种憧憬等。孙冰推心置腹地和这位年长的同事聊了很多。他并没有希望从对方那儿得到什么，只希望让他真正地了解自己，而对于工作本身，并没有多谈。

第二天，孙冰一到办公室，就看到办公桌上工工整整地摆着月度计划。

看来，要想得到他人的支持，和他们进行真诚沟通非常重要。与人相处，无论自己的地位多么高、口才多么犀利，都应该时刻以谦恭的态度严格约束自己。与人相处，对于一些小事，对于个人利益，谦让一下会带来身心的愉快，以及和谐的人际关系。有时，这种“退”即是“进”，舍”就是“得”。

处理与他人之间的矛盾冲突，一般应注意以下几点。

1.多从自己身上找原因

与人发生矛盾后，应首先寻找自身的原因。即使造成矛盾的主要原因在于对方也应如此。因为通过“正己”能产生强烈的“正人效应”，进而使矛盾尽快化解。

2.化解矛盾要有度量

平时要不断提高自身素质，与他人相处要有度量。当对方与自己争吵时，要保持冷静，不要使用过火的言辞，以免火上浇油。对顶撞自己的人应宽宏大量，不要往心里去，可在事后找一个适当的时间和其交谈，在双向沟通中解决问题。

争吵后，不要等待对方，你应主动出击，用积极的言语改变对方的态度。“嗨，还生气呢？有空咱们聊聊。”假如你面对面地向对方提问，不妨带着真诚的微笑。你可开诚布公地说：“我想听听你的意见，告诉我你是怎么想的可以吗？”当对方回应时，不要打断或与其争辩，让对方感到被尊重，他就容易被说动。

凡事不较真，与众人和谐相处

人生在世，矛盾和纠葛无处不在。身陷其中，绝对不能太较真儿。“水至清则无鱼，人至察则无徒。”太较真了，就会对他人的什么事情都看不惯，最后导致自己没朋友，这滋味肯定不好受。

刘新和王旭在同一家公司工作，两人关系处得不错。可过了没1年，刘新发现自己越来越受不了王旭了，他平时喜欢看一些武侠小说，王旭发现了就说那些是低俗读物，不值得看；刘新星期天想看看足球直播，王旭却偏要拉他去听音乐会，说是可以修身养性……两人之间的友谊渐渐出现了裂缝。

之后发生的一件事，终于让两人形同陌路。那天刘新坐公交车时车上人特别多，他一迷糊就忘记买票了。王旭知道此事后，就将他嘲讽了一番，最后还说：“我可真有福，认识了你这么‘大方’的朋友！”听完了这番话，刘新再也忍不住了，他跳起来骂道：“我告诉你，我也不稀罕认识你，我现在就搬出去！今后咱们谁也不认识谁！”刘新一气之下搬到了其他同事那里，怨气难消，以后再也不理王旭了。昔日的一对好朋友，现今形同陌路。

人非圣贤，孰能无过。与人相处就要互相谅解，切不可用自己的原则标准苛求他人。有肚量，能容人，就会有许多朋友，其乐融融。如若过分挑剔、嫌这嫌那的，人家便会躲得你远远的，最后，你难免会成为他人眼中的异类。

人与人之间难免会产生一些矛盾，一时的误解也最易将双方置于尴尬的境地。一个人如果心胸狭窄，经常为了自己的一点私利斤斤计较，结果只能使矛盾加深，不仅伤害感情、影响友谊，甚至会造成更恶劣的后果。

曾从网上看到这样一件事，某校的两个大学生在宿舍听歌曲，因喜好不同，评价歌曲起了争执，竟然打骂起来。在舍友的劝说下，一位同学被推到了另一个宿舍。本来以为事情就此结束，没想到该学生到了那个宿舍后越想越气，顺手操起一把水果刀，径直闯入另一同学的宿舍，朝其胸部狠狠捅了两刀，令其当即毙命。他自己呢，也在狱中日夜受煎熬。

我们与朋友、同事甚至路人交往，总免不了有意见相左、磕磕碰碰的时候，如果太认真、太较真，非去咄咄逼人辩出个你对我错、争个你高我底，只能使故事升级，小事变大，甚至造成无法挽回的悲剧。

生活中，我们时常看过或听说，朋友之间因为一些小事闹得不可开交，竟行同路人；邻里之间因为几句口角，老死不相往来；夫妻之间因为家庭琐事大打出手、劳燕分飞等。其实这一幕幕悲剧的罪魁祸首是我们自己。我们以愤怒代替理智，针锋相对、冤冤相报、无止无休，直到身心疲惫、两败俱伤。打打闹闹的气倒是出了，可是代价太大了。

如果在细节末节的小事上，能主动退让、多担待一点、少计较一些，便有利于减少矛盾、保持人际间的融洽，于人于己均是有益的。这就要求我们说话办事都不要太较真，有时需要睁一只眼、闭一只眼，才是周旋于世的最佳方案。

在工作生活中，对于无关原则的小事，不必认真计较，装作没听见、没看见最好。对一些不重要的小事最好能忍得一时之气，糊涂处之，尤其是涉及个人名利的问题，更应如此。小事糊涂一点，互相忍让一点，就可以减少许多由小事引发的矛盾和冲突，使紧张的气氛变得轻松。如果一个人遇事总是过分计较，一味地追究到底，硬要讨个“说法”，烦恼和忧愁便会接踵而至，久而久之，不利于身心健康。而“糊涂”一些能使人保持心胸坦然，可以消除心理上的痛苦和疲惫，也容易赢得他人的好感与认可。

清官难断家务事，在家里没必要非得分出个高低对错来。千万不要为家务事乱发脾气，既伤身体又伤感情，实在不值得。在家里，男人要宽厚些、女人要容忍些，切忌管这管那，没事儿就检查对方的电话，一发现陌生来电，就脸色大变。一个人若是已有二心，哪里是你严防死守就能挽回的？看得越紧，逆反心理越强。如若你对另一半太较真，让对方感到被囚禁，进而就真的可能对你反叛，那才是真的惨。

两个人相处需要包容。婚姻生活需要的是宽容而不是束缚、是互相理解而不是互相攻讦。家是避风的港湾，应该是温馨和谐的处所，千万别把它弄得鸡飞狗跳。

身在职场，当你的同仁出了错，你要学会宽容一些，对方会因此心存感激，以后工作也会更加努力；当你的领导犯错时，你要学会闭一只眼，这样，对方会因为你的保全而将你成全；处在婚姻之中的人们，也要学会闭一只眼，这样你们的婚姻才会修修补补，依然牢固……

无论是亲情、友情还是爱情，都需要包容。漫长人生，总会遇到各种事情，时时较真真的不行。该糊涂的时候就一定要糊涂，不要顾忌这个、考虑那个，面子、地位一个也不想舍。当然，该聪明时则要聪明，需要善解人意些，多一些体谅和理解，这样人际关系才会和谐。

凡在现实中顺畅过活的人，必不会无缘无故地与人斗狠较劲儿。睁开一只眼欣赏世间的美丽、闭上一只眼消解世间的无奈，能够这样做的人，才算是掌握了处世的精髓。

参考文献

[1]蒋建江.非常影响力[M].北京：企业管理出版社，2013.

[2]池雨秋.杜拉拉职场速腾36计[M].北京：中国华侨出版社，2010.

[3]文德.性格与人生[M].北京：中国华侨出版社，2014.